名家说清史

咸丰皇帝

何瑜◎著

故宫出版社

图书在版编目(CIP)数据

咸丰皇帝 / 何瑜著 . — 北京 : 故宫出版社 , 2016.12
（名家说清史）
ISBN 978-7-5134-0976-6

Ⅰ . ① 咸… Ⅱ . ① 何… Ⅲ . ① 咸丰帝（1831-1861）—传记—通俗读物 Ⅳ . ① K827=52

中国版本图书馆 CIP 数据核字（2017）第 027916 号

名家说清史
咸丰皇帝

著　　者：何　瑜
出 版 人：王亚民
责任编辑：伍容萱　邓曼兰
封面设计：王　梓
责任印制：马静波　顾从辉
出版发行：故宫出版社
地址：北京市东城区景山前街4号　邮编：100009
电话：010-85007808　010-85007816　传真：010-65129479
网址：www.culturefc.cn
邮箱：ggcb@culturefc.cn
印　　刷：保定市中画美凯印刷有限公司
开　　本：787毫米×1092毫米　1/16
印　　张：10.75
字　　数：100千字
版　　次：2016年12月第1版
2016年12月第1次印刷
印　　数：1～3000册
书　　号：ISBN 978-7-5134-0976-6
定　　价：36.00元

写在前面

世界变化真快！一批清史研究者把目光瞄准了传奇。

“传奇”——奇，则传。

千百年来流传下来的传奇，多为衍义成奇的故事、小说、神话、轶闻。这成了人们对传奇的一般认识。若历史人物、历史事件具有小说般跌宕起伏的特点，则被称为“传奇人物”、“传奇事件”或“具有传奇色彩的人物及事件”。

然而，这具有传奇色彩的人物及事件，难道不以它历史的真实，成为、或应该成为真正意义上的传奇吗？于是有了人们对传奇的另一种、更为深层的认识。

清朝十二帝恰恰是最具传奇色彩的真实的历史人物。奇人、奇事、奇闻……荒诞迷蒙中的历史真实，真实历史中的迷蒙荒诞——二者的融合，就是摆在您面前的“名家说清史”。

“名家说清史”不仅仅是以传奇手法描述历史的尝试，不仅仅是后一种传奇对前一种传奇的辨析，更重要的是在信史的基础上，企图以“文”的激情、“哲”的思索，还历史一个有血有肉的真实，使本来即是“传奇”的历史传“奇”下去，使历史对广大民众永恒地启迪着。

所以，“名家说清史”是一部面向中等文化程度读者的历史通俗读物，又是一部高品位的、期望得到学术界基本认可的历史通俗读物。她绝不是那些胡编乱造、信口雌黄甚至为迎合某些读者的低级趣味而沦于下流的做法；也不是那些古板教条、枯燥乏味甚至为赶风头而随意塑造历史的做法。她是把历史从书斋中解放出来，奉献给她的真正主人——广大民众的一次尝试。

既为“尝试”，思路则或不一，手法则或不同，风格则或各异，成败则或纷说，但总的方向已定，总的原则一致。

我们愿意尝试下去。

纵向看，咸丰时代的中国，已是封建王朝的末世，百年积弊非一日而成，更非一手一足所能改变。

横向看，19世纪中叶的世界，一方是江河日下、摇摇欲坠的晚清王朝；一方是如日东升、后来居上的西方列强。

在史无前例的内忧外患之中，咸丰补天的悲剧，正是历史发展的必然。

目 录

第一章　补天图治

一　颁诏思辱

道光三十年（1850年）正月二十，国丧中的紫禁城一片银装素裹。

乾清宫内，大行皇帝的灵堂布置得庄重肃穆。正中的宝床上安放着溢彩鎏金的梓宫，四周有喇嘛敬缮的西番字样。梓宫的后面是一大块黄龙幔帐，两旁为白绫围幔。梓宫的前面设有铺着黄缎绣龙褥子的花梨木宝榻。在宝榻前陈设着一个放有银香鼎、烛台和花瓶的大供案。案前一字排开三个花梨木香几，上面摆放着博山炉、香盒、莲花瓶以及各种册、宝等物。香几之左摆着一桌时令鲜果，右边则供奉着丰盛的晚膳。

乾清门外，绣龙金缎的旐长引幡迎风抖动，道光皇帝的法驾卤簿从乾清门口一直排列到太和门外。凛冽的北风中，除了数不尽的白练素缎猎猎作响外，整个大内像死一般的寂静。加上阴惨惨的天气，压得人简直透不过气来。

随着鸣赞官的一声哀鸣，颁发道光皇帝遗诏的典礼开始了。

只见摘去缨纬（即摘掉冠帽上的顶饰）、身着素服的内阁官员前导，一律剪发（即剪去一段发辫）成服的大学士们恭奉着道光皇帝的最后一道“圣旨”，送到站在乾清宫檐下的嗣皇帝——奕詝手中。满脸泪痕的奕詝跪在地上恭恭敬敬地接过遗诏。不知是天气过于寒冷，还是大任将临而惶恐不安，他的手在不住地颤抖。他小心翼翼地把诏书放在乾清宫内早已设好的黄案上，然后行礼如仪，退出门外，忍悲等候着宣诏天下的庄严一刻。

遗诏由大学士们捧出中门，礼部堂官跪接后放入木雕的云盘内，从中路出午门，直至天安门下。此时的天安门外如白银铺地，一片素装，亲王以下文武百官一律摘缨截发，率领着身着缟素的军民百姓匍匐在金水桥外。只见礼部堂官捧诏登上天安门，走到饰有黄盖的宣诏台下，跪递宣诏官。宣诏官宣告天下：

> 朕蒙皇考仁宗睿皇帝覆载隆恩，付畀神器，临御天下盈三十年。……顾念统绪至重，极宜慎简元良，缵承大业。本日卯刻（即道光三十年正月十四日清晨），特召宗人府宗令、御前大臣、军机大臣、内务府大臣亲降朱笔谕旨，立皇四子奕詝为皇太子。并谕王大臣等同心赞辅，无恤其他。……皇太子秉性仁孝，植德贞醇，必能钦承付托。其即皇帝位以嗣大统，天生民而立之君，使司牧之。惟刻矢忧勤惕励，于以知人安民，永保我丕丕基。……丧服仍依旧制二十七日而除。布告天下，咸使闻知。

宣读完毕，亲王以下满汉文武再率军民百姓立起举哀，行三跪九叩大礼。忽然，一阵狂风卷过，遮天蔽日，遍地缟服随风掀起，细碎的沙砾扫打在一张张冰冷哭丧的脸上。也许是悲悯先帝，也许是哀伤国运，很多老臣竟伏地痛哭不起，引得在场文武也纷纷弹泪抽泣。一时间呜咽声四起，真像是“忽喇喇似大厦倾，昏惨惨似灯将尽”。

在金水桥下的一片悲哀声中，礼部官员把诏书衔放在一个木雕的金凤嘴上，用黄绒绳从城楼正中系下，由下面托着云盘的官员跪接。此谓“朵云接诏”，表示“诏”自天来，嗣皇帝继位为天之意愿。接着，礼部官员再把遗诏放到一个精致的“龙亭”内，由銮仪卫校尉抬出大清门恭送礼部。礼部再誊黄分送国内各地及朝鲜、琉球等国，诏告天下。

“呜呼皇考衔哀甚，抱恨终天泪万行。”

奕詝目送遗诏走后，眼前又浮起皇父在弥留之际的凄苦神情，再也抑制不住内心的悲痛，又跪在梓宫前伏地大哭，哀伤笃至，不能自已。左右见之，纷纷伏地环跪，恳其节哀，然后扶着他走回上书房倚庐（嗣皇帝守孝的地方）。

奕詝的悲哀，是道光的悲哀，也是自己的悲哀。

因为奕詝心里清楚，遗诏中还有一段无法诏告天下的内容，那才是皇父发自内心的独白。

一是死后不进祖庙。“朕万年后，断不可行郊配之礼……后之人其以朕为法乎？不以朕为法也。呜呼！必有知朕者焉。”

二是死后不行祔庙之礼。“朕万年后，断不可行祔庙之礼”，只以祀享之礼议行可也。这样，大清方能永保“圣圣相承之盛也，遵谕毋违”。

三是死后不设圣神功德碑。“列祖列宗之功德，自应若是尊崇，昭兹来许”，而朕“实无称述之处，徒增后人之讥评，朕不取也”。万年后“不可以‘圣神功德’字样，率行加称。若当时君臣不能仰体朕怀，不遵朕谕，是陷朕于不德，一世之忧勤惕励，尽成虚矣，盖谓之孝乎？盖大不孝也”。

四是死后不按旧制，冠服留用赏赐，无须供奉大内。

知子莫如父，知父莫如子。

奕詝是在紫禁城内长大的，也是在道光皇帝的叹息中日渐成熟的。从他记事时起，在皇父、师傅和所见到的其他大人们的脸上，便常常看到愁容和不快。他 5 岁典学，正是白银大量外流、烟毒猖狂泛滥之际。鸦片入口一年竟高达四万余箱，朝野内外，上至王公大臣，下至兵丁妓女，都终日昏昏、吞云吐雾。鸦片战争的大炮，并没有惊醒那些昏聩的臣民，而皇父恭俭宵旰，守成一世，到头来只能忍悲含疚，痛苦签约。据说，当中英《南京条约》的文本送呈道光帝，要他批准时，道光帝“负手行便殿阶上，一日夜未尝暂息，侍者但闻太息声”，最后“实出于不得已”，“以朱笔草草书一纸”，予以批准。其后，道光对洋人虽仇恨、厌恶无以复加，但终没有废除条约的能力和勇气。郁郁不乐中，深感对不起列祖列宗，死后竟没有颜面进入祖庙。这种饮恨而亡的悲剧，中外臣民又有谁知呢！

奕詝哀自己，则是他在道光的叹息和“代阅奏章”中（道光病重期间，曾由奕詝帮其批阅奏章）早已深知，如日中天的大清朝一去不返，祖宗留下的江山已是“盗贼遍地”，百孔千疮。并且，外侮相逼，国库如洗。这一切，对他这个从未出过宫禁的弱冠之人，又该如何承受呢！

乐极生悲，哀极生怨。

奕詝哀皇父，亦怨皇父。衰微之世，宜用重典，怎么能让“多磕头，少说话”的庸臣曹振镛尸位素餐？穆彰阿妨贤病国，保位贪荣，皇父英明睿智，怎么就看不出其小忠小信、阴柔以售其奸呢？至于耆英、琦善之流，畏葸无能，抑民媚外，皇父何不早申国法、肃纲纪而正人心？！

奕詝恨穆彰阿之辈，早在上书房读书时便“深恶之”，但他更痛恨的是那些依仗船坚炮利而侮辱天朝的西方蛮夷。从小读烂了“普天之下，莫非王土；率土之滨，莫非王臣”的真龙天子，无法接受《南京条约》割地赔款的奇耻大辱。如今英夷丑类又在沿海生事，骚扰不休，我大清难道就无人了吗？

面对大行皇帝的灵柩，一股立志中兴、以雪国耻的腾腾烈焰，在血气方刚的奕詝心中油然升起。

他想挽狂澜于即逝，他欲扶大厦于将倾。

道光三十年正月二十六日，奕詝升太和殿宝座，即皇帝位。阶下鸣鞭，王公百官行三跪九叩大礼。颁即位诏如仪，以明年为咸丰元年（1851 年）。

二 远佞求贤

中国最后一个封建王朝的历史，又翻开了新的一页。这一页充满了抗争的呐喊，也饱含着屈辱的血泪。

没等咸丰的即位诏誊黄天下，侍读学士董瀛山的奏折就放到了御案之前：江苏、直隶、山东邪教以盗匪为生业；广西、贵州均有大伙抢劫；山西、河南、安徽、湖北、陕西、四川、江西、湖南、广东等省水陆交界之区盗贼公行。

而中国历史上最大的农民起义——太平天国起义，已于是年七月开始在广西金田团营了。一场大革命的风暴即将来临。其首领洪秀全赋诗曰：

近世烟氛大不同，知天有意启英雄。
神州被陷从难陷，上帝当崇毕竟崇。
明主敲诗曾咏菊，汉皇置酒尚歌风。
古来事业由人做，黑雾收残一鉴中。

他要效仿汉高祖刘邦、明开国皇帝朱元璋去开创一个新的朝代，他要把大清王朝的社稷搅个地覆天翻。

与此同时，沙俄在西北强行叩关，要求开放伊犁、塔尔巴哈台和喀什噶尔；英国在东南侵扰琉球、台湾和福州，并投书天津，仍坚持入广州城。

也许，年轻的皇帝已预感到大风雨的来临，他真要在史无前例的险恶环境中迎接这个挑战。于是，将道光皇帝的梓宫移奉圆明园正大光明殿后，咸丰首先想到了伴他度过14个春秋的师傅——杜受田。杜受田，山东滨州人，道光三年进士，会试第一，殿试二甲第一，选庶吉士，授编修，迁洗马，督山西学政。他从咸丰5岁时起，便把儒家经典编成浅显易懂、引人入胜的故事，讲给他听。咸丰稍大以后，又常与之讲习讨论，故十余年来咸丰获益良多。在清朝皇帝当中，其文学可称上乘。杜受田对外力主抵抗，对内提倡改革，加之其品端学粹，公忠正直，故深得咸丰倚重。“虽未入枢廷，但国家大政及进退大臣，上必咨而后行。”

已是花甲之人的杜受田应诏来到上书房，一进门便跪倒在地，咸丰忙把他扶起，赐坐高杌。咸丰开门见山地说：“当今天下不靖，值此临轩发策之初，该如何措置？请师傅明言。”

“皇上少年英才，仁孝睿智”，杜受田略一沉吟，改变了上书房授读时的问答方式，恭恭敬敬地答道：“自古人存政举，人亡政息，兼听则明，偏听则暗，即程颢所言，择天下贤俊，以陪侍法从，而列圣丰功骏烈，鸿谟永垂，御极以后俱颁诏求言，虚心纳谏，望圣上明察。”

咸丰是个聪明人，杜受田这一番话他立刻心领神会。

“那师傅主张，谁才可大用呢？”

“黜陟大权，君自持之，臣不敢妄言，但林则徐赤胆忠心，才可大用。”

林则徐在青年皇帝的心中是个“办事认真，不避嫌怨”，在洋人面前腰不弯、腿不软的忠臣。想到先帝留下来的这些忠臣宿将，原来大丧当中的哀思愁肠一下子消散了许多。

梓宫安奉之后，咸丰谕内阁，诏旨求言：

凡九卿科道有奏事之责者，于用人行政一切事宜，皆得据实直陈，封章密奏，俾庶务不致失理而民隐得以上闻。诸臣务须虚公详慎，毋偏毋私，凡有裨于官方吏治国计民生者，各抒所见。切实论奏，以副朕集思广益之至意。

在连颁谕旨广开言路的同时，咸丰又连连降旨，命各省督抚和在京部院大臣保举贤才，以备简用，断不可有蔽贤之患。对那些循例敷奏，于用人行政诸大端，自顾身家，缄默不言者，则大加申饬。文武大臣见新天子求贤纳谏不是虚应故事，确有除弊起衰之志，遂纷纷陈奏，各抒己见。

群臣对林则徐的举荐，首先遭到首席军机大臣穆彰阿的反对。穆彰阿，字鹤舫，满洲镶蓝旗人。嘉庆十年（1805 年）进士，道光时初任内务府大臣，理藩院尚书，后晋升为太子太保，拜武英殿大学士，管理工部兼首席军机大臣，终道光朝，恩眷不衰。自嘉庆以来，典乡试三，典会试五；凡复试、殿试、朝考等无不参与；国史、玉牒、实录诸馆，皆为总裁，门生故吏遍天下，一时号曰“穆党”。穆彰阿在鸦片战争中一意主和，对主张积极抵抗外侮的林则徐等人多方掣肘。他深知林若出山，于己十分不利，故屡在咸丰面前进言：林则徐“柔弱病躯，不堪录用”。但咸丰不顾穆彰阿的阻挠，坚决起用林则徐，命福建总督刘韵珂“务即传旨，饬令该员迅速北上，听候简用，毋稍延缓”。同时，起用鸦片战争中坚决抗英的前台湾道台姚莹和总兵达洪阿。

金田起义的号角打乱了咸丰的部署。道光三十年九月十三日，他改命林则徐为钦差大臣，径自福州启程，驰驿迅赴广西，“荡平群丑，绥靖严疆”。

不料，林则徐动身 17 天后，竟病殁于潮州普宁县。

“未效一矢之劳，实切九原之憾。”林则徐补天未成，这是他临死前最大的遗憾。更遗憾的却是咸丰自己，他曾幻想林则徐在这场席卷神州的风暴当中，能挽救大清的命运，“迅扫边氛，以绥南服”。他震痛于失去这样一个有胆有识的忠臣，遂亲制挽联以祭之：

答君恩，清慎忠勤数十年，尽瘁不遑，解组归来，犹自心存军国。

殚臣力，崎岖险阻六千里，出师未捷，骑箕化去，空教泪洒英雄。

统治者的爱憎，往往是时代的晴雨表。为表彰林则徐以激发更多的人效忠皇朝，咸丰元年四月，清廷特派员致祭，并颁发了封建社会中被士大夫们引以为荣耀的《御祭文》和《御赐碑文》，盛赞林则徐忠于清王朝的丰功伟绩。一时间，“朝野叹惜，虽走卒妇孺，无不蹙然以丧公（指林则徐）为悲”。后来，同治、光绪两朝倚为柱石的协办大学士左宗棠，写了这样一幅挽联，被传颂一时：

附公者不皆君子，间公者必是小人，忧国如家，二百余年遗直在。

庙堂依之为长城，草野望之若时雨，出师未捷，八千里路大星颓。

左宗棠斥穆彰阿等为小人，咸丰更对之衔恨入骨。恰在穆彰阿阻挠咸丰重用林则徐之时，英国驻华公使文翰再次提出入广州城一事，并咨文穆彰阿、耆英，要求履行条约内容。

这正触及咸丰的疼处。眼下他大力整顿吏治营伍，招揽天下贤才，如果再让穆彰阿之流抑民媚外，横行朝野，怎么能稳定人心，制服洋人！于是，他断然朱笔颁诏罪穆彰阿、耆英曰：

> 任贤去邪，诚人君之首务。去邪不断，则任贤不专。方今天下因循废坠，可谓极矣。吏治日坏，人心日浇，是朕之过。然献替可否，匡朕不逮，则二三大臣之职也。穆彰阿身任大学士，受累朝知遇之恩，不思其难其慎，同心同德，乃保位贪荣，妨贤病国。小忠小信，阴柔以售其奸；伪学伪才，揣摩以逢主意。从前夷务之兴，倾排异己，深堪痛恨！如达洪阿、姚莹之尽忠尽力，有碍于己，必欲陷之；耆英之无耻丧良，同恶相济，尽力全之。似此之固宠窃权者，不可枚举。至若耆英之自外生成，畏葸无能，殊堪诧异。伊前在广东时，惟抑民以媚外，罔顾国家，漫许英人入城（指入广州城），几致不测之变。今年耆英于召对时，又数言英人如何可畏，如何必应事周旋，欺朕不知其奸，但图常保禄位。穆彰阿暗而难知，耆英显而易著，然贻害国家，厥罪维钧。若不立申国法，何以肃纲纪而正人心？又何以不负皇考付托之重？穆彰阿即行褫职，永不叙用。耆英着从宽，降为五品顶戴，以六部员外郎候补。办理此事，朕熟思审度，计之久矣，实不得已之苦衷，尔诸臣其共谅之！

诏下，天下称快。

其后，在鸦片战争中擅自与英人达成《穿鼻草约》割让香港的两广总督琦善，咸丰也借其苛待当地回民而革职逮问，于咸丰二年将他流放吉林。

至此，鸦片战争中妥协投降，众口交谤的三人均受到咸丰的严处。

道光三十年五月，英使在天津海口投递照会南返后，咸丰严谕东南各省督抚，相度海口形势，选择将弁，加意防守，“断不可稍存大意。文武官员，总须慎选晓事得力者，分布防堵。其一味卑谄懦弱者，概应更换”。

同年七月，英人违约借住福州神光寺，并欲私往台湾贸易采煤。咸丰严词拒绝，“台湾为悬海要区，岂容洋人到彼借贸易以行窃伺！成约（指《南京条约》）内通商五口，本无台湾，断难允准”。

同年十二月，俄国强求在伊犁、塔尔巴哈台等地贸易通商。咸丰不准，并严谕伊犁将军奕山在与之谈判过程中，“加意慎重，于国体边防必须面面顾到，断不可草率定约，致贻后患”。

咸丰即位之初，农民大起义的风暴还没有危及到他的龙庭御座，所以年轻皇帝的心思集中在振兴皇朝、抵御外侮上。城下之盟、割地赔款的奇耻大辱，深深地铭刻在他的心头。他以为失败之由，主要就是一二佞臣的媚外和戎和满朝文武不知振作所致，而他承继大统，只要选贤任能、虚心纳谏、力除积弊、整顿朝纲，就一定能重振天朝威仪、报仇雪恨。

咸丰对未来，充满了信心。

三 克已纳谏

颓风力挽戒因循，去佞勿疑斥二臣。

厉尔群工益加勉，摅诚事事切开陈。

这是道光三十年十月，咸丰罢斥穆彰阿和耆英之后，以诗代谕，警告群臣务必激发天良、公忠体国。凡有益于国计民生者，直言勿隐，不得苟安畏难。

历朝历代，新帝即位往往虚应故事，为收揽民心，下诏求言。但志做中兴之主的咸丰帝却是衷心的，所以一时封章密奏纷至沓来。咸丰或优诏答之，或虚怀嘉纳。其中，礼部右侍郎曾国藩连章迭奏，引起了咸丰帝的注意。曾国藩，字伯涵，号涤生，嘉庆十六年出生在湖南长沙湘乡县南一个偏僻的山村里，累世务农。曾国藩勤奋好学，少有大志，道光十八年中进士后一帆风顺，累迁至内阁学士、礼部右侍郎。由于他出身寒门，生于衰微之世，所以登进后十分留心时务和天下人才，毅然有效法前贤澄清天下之志。

咸丰下诏求言后，曾国藩首上《用人三策》，提出："今日急务，首在用人。人才有转移之道，有培养之方，有考察之法。"咸丰非常赞同，认为此奏"剀切明辩，切中情事，深堪嘉纳"。第二年四月，太平天国起义已成风起云涌之势，但清廷当轴者仍蒙然无知。曾国藩再次上疏，尖锐地指出天下营政腐败和武备废弛的状况，为咸丰帝出谋划策。

国运已衰，积重难返。尽管上谕煌煌，三令五申，吏治营伍、海防河工、漕务盐政等诸大端依然故我。内外臣工不仅没有陈善责难之心，反而纷纷谄媚阿谀、粉饰太平。

为使咸丰帝避免骄矜之气，怀着对清廷的一片赤诚，咸丰元年五月，曾国藩再上《敬陈圣德三端预防流弊折》，言辞激切，锋芒直指咸丰帝。

一曰“防琐碎之风”。他提醒咸丰不要苛于小节，疏于大计，对遣往广西的文武大员要慎重挑选。

二曰“杜文饰之风”。他批评咸丰帝不求实际，徒尚虚文。虽褒奖大理寺卿倭仁等奏诚为切直之言，但未几又疏之万里，斥为乱道之流。“是鲜察言之实意，徒饰纳谏之虚文。”

三曰“去骄矜之气”。他批评咸丰帝刚愎自用，出尔反尔。“去岁求言之诏，本以用人、行政并举，乃近来两次谕旨，皆曰‘黜陟大权朕自持之’，不容臣下‘更参末议’。”

最后力谏咸丰帝还要虚怀若谷，防止骄傲自满，以免日觉直言可憎、佞谀可亲，则流弊无所底止。

这是有清一代少有的铮铮谏文，言人所不能言、不敢言者，实“慰天下贤豪之望，尽大臣报国之忠”，但在乾纲独断的封建时代，却要冒杀头的风险。曾国藩在家信中亦说：“折子初上时，余犹恐犯不测之威，业将得失祸福置之度外。”

曾国藩不是在故弄玄虚，他的多虑是真实的。因为他直谏的是年轻气盛的真龙天子，何况他文中所指又未必句句是实。据说奏折递上之后，咸丰披览未毕即“怒捽（摔）其折于地，立召军机大臣，欲罪之”。大学士祁寯藻等力劝咸丰息怒，并提醒他“言不逆耳不为谏”。当今天下萎靡，正需敢言直谏之臣，还望圣上三思。

咸丰似乎也有他的委屈。即位之初，“盗贼遍地”，百务待兴，朕屡屡下诏求言，然而官场陋习，积弊已深，或阿谀成风、因循守旧，或自顾身家、缄默不言，如不起用新秀、大刀阔斧地整顿，又何以破除积习、痛惩其弊？至于倭仁所言，择天下贤俊，使得陪侍法从，名虽甚善，而实有难行。日与贤俊相处，固与狎宦官、宫妾之人相去万里，然贤俊之士，或有才而无德，日与习者，非翰墨之场，即驰骋之乐，反不如以礼相接、互相警戒之为善。

待气平之后，咸丰也觉得诤臣可贵，不仅优诏褒答曾国藩直谏可嘉，堪为听言临政之助，让他兼署刑部左侍郎和吏部左侍郎，以佐吏治，而且将其“敬陈圣德三端”摘要录出，挂之壁右以为加勉。一时，“危言傥论，无不兼容”，一些忧国之士甚至觉得“气象如此，泰运可期”。

在咸丰克己纳谏方面，历史上还流传着“秀女直辞”这样一个故事。清宫词中有：

> 女伴三旗结队偕，绣襦锦堂映宫槐。
> 祃牙已命南征将，选秀仍闻撂绿牌。

满语中谓秀女引见不入选者为“撂牌子”。清宫挑选秀女，是清朝极具特色的一项制度。定例：八旗秀女，每 3 年引选 1 次；内务府所属秀女（为满洲奴仆之女），每 1 年引选 1 次。凡年届 13 至

17岁的八旗女子，均须按年向户部具呈备案，非经挑选之女不能私自婚配。八旗秀女入选后，或为皇帝妃嫔，或被指配给亲王、郡王及皇子、皇孙等。入选后的内务府所属秀女，则为后宫承值伺应之人，年届 25 岁即放出，不能久居禁内。这与明代“六宫深锁万娇娆，多半韶华怨里消”的情况，迥然不同。

每到挑选秀女之期，应选秀女均乘骡车。车竖双灯，各有标识，于黎明时分鱼贯衔尾而至神武门外下车。然后按次序由太监们从旁门引入，进到顺贞门外备帝后选看。届时，太监按班引入，每班 5 人，立而不跪。中意者留名牌，谓之“留牌子”，定期复看；看而不留者，谓之“撂牌子”。

咸丰三年二月，太平军攻占南京。羽书络绎不绝，朝野惶惶，一片混乱。虽在危难当中，但清廷挑选秀女之事仍照常举行。年轻的皇帝被前方战事搅得焦头烂额，直至日昃乃退。坤宁宫外，那些当选候驾的秀女多属闺中娇弱之女，远离故土，骤睹宫卫森严，内心早已忐忑不安。加之站立多时，饥肠辘辘，不免交头接耳、翘首四望，有的甚至“相向饮泣”。

龙廷宫苑之地，帝后选美佳期，悲哀哭泣是同“之子于归，宜其室家”的圣意相违背的。于是，一太监近前叱之曰：“圣驾行且至，何敢若此，不畏鞭笞耶？”

正在悲戚的秀女们，听到此般呵斥，相顾失色，愈发胆战心惊。正当监者想要再度恫吓时，忽有一女勃然前起，厉声对监者说：

> 离室家，辞父母，以入宫禁。果当选，即终身幽闭，不复

> 见双亲。生离死别，争此晷刻，人孰无情，安得不涕泣？吾死且不畏，况鞭笞耶？

监者语塞，众人惊愕。小女接着说：

> 且东南“发匪”方炽，不数载悉长江而有之。今陷金陵（南京），天下已失其半。天子不能求将帅之臣，汲汲谋战守，以遏“贼锋”，保祖宗江山大业，而犹留情女色，强攫民女，幽之宫禁中，俾终身不见天日，以纵己一日之欢，弃宗社于不顾。今将见“寇氛”迫宫阙，九庙不血食也。吾死且不畏，何况鞭笞乎？

龙廷禁地，这一番斥责恰似石破天惊。监者震撼，慌乱中急掩其口，不许该女再说下去，以弭祸端。恰在此时，咸丰退朝，仪仗御辇已行临近前。监者恐极，赶忙缚其手，牵至上前，抑之跪。女仍倔强，不肯屈膝。

其实，小女前番话，咸丰已微闻之。至是，笑问其故。女侃侃奏如前语。咸丰见她庄容正色，英气逼人，不禁为之心折。心想，不料我旗中人，竟有这般闺秀。咸丰非但没有怪罪，反而欣喜赞曰：“此真奇女子也！”命人宽释女缚，并引入宫中，朝见皇后。据《清稗类钞》载，该女儿朝见了皇后钮祜禄氏，恰值某邸初丧偶，谋续娶，因以此女指婚焉。结果，咸丰接受了这个奇女的诤言，除留她一人为皇室王公做了续弦之外，其余这届候选秀女均令各回故里，以“宁其家”。

另外，王闿运《湘绮楼文集》中也载有此事，说这个“直辞女童”为满洲人，其父为京营四品官，职务是八旗参领抑或佐领。该女愤懑直谏之后，咸丰默然良久，曰:“汝不愿选者，今可出矣。”女叩头退立，上遂罢选。其后该女之归宿如何难以详考，但咸丰年间秀女直辞谏上、皇帝克己罢选，看来是确有其事。

四 除弊起衰

清乾隆后期，清王朝已衰象四伏。道咸之际，这部封建统治机器已是腐朽不堪，衰弱已极。当时官场的恶习，时人总结道：

> 京官之办事通病有二：曰退缩，曰琐屑；外官之办事通病也有二：曰敷衍，曰颟顸。退缩者，同官互推，不肯任怨，动辄请旨，不肯任咎是也。琐屑者，利析锱铢，不顾大体，察及秋毫，不见舆薪是也。敷衍者，装头盖面，但计目前剜肉补疮，不问明日是也。颟顸者，外表完整，而内中已溃烂，章奏粉饰，而语无归宿是也。有此四者习俗相沿，但求苟安无过，不求振作有为。十余年间，九卿无一人陈时政之得失，司道无一折言地方之利病，相率缄默，一时之风气，有不解其所以然者。

这就是当时清朝吏治的内幕。

尸位素餐的各级官僚们为粉饰太平，逃避大量的奏章文案，假手幕宾，寄权胥役，以致职责不清，吏人王者享用。当时市井中流传着这样一首歌谣："堂官（指部院大臣）车，司官（指部院各司的官员）驴，书吏仆夫（指具体办事人员）为之驱。"本末倒置，整个权力结构失去了正常的行政功能。同时，封建王朝的最高统治者，要实行对全社会的管理，不得不把一定的权力赋予大大小小的封建官吏。在赋予他们权力的同时，又不能控制各级执政者的以权谋私，鱼肉人民。于是，权力在剥削者的手里便成了谋取私利的工具，整个官僚体系变成了培养贪官污吏的温床。大大小小的漏洞，给各种贪欲者以疯狂掠夺和发泄的机会。

对此，咸丰在做皇子时已略知一二，即位以后对吏治腐败、粉饰因循的状况更了如指掌，但他却没有料到，这种可以腐蚀一切的贪风，竟刮到了他自己的身上。

咸丰亲政之初，仍记得皇父崇俭去奢的圣训，"大凡人君之治一国也，必先以节用爱人为贵"。创业不易，守业维艰，要保住祖宗的江山，就要知稼穑之艰，"永守淳朴家风"。一日，上书房的门轴坏了，左右请易门。咸丰不许，命修之。照例下工部，招商承办。没想到修好后，报销银竟高达5000两。咸丰闻之大怒，传旨问有司罪。结果，有司以50两之误上奏，私下另罚厂商，以寝其事。

又有一次，咸丰刚穿上身的杭纱套裤，不小心烧了一个窟窿，约蚕豆瓣大小。近侍请弃置不用。咸丰惋惜再三，说："物力艰难，弃之可惜，宜酌量补缀之。"左右皆称颂，"古贤君衣有经三浣者，主子俭德，殆犹过之"。咸丰便交给他们去办理。到第二年，尚衣又将此裤进御。咸丰视之，虽完好如初，但补缀之痕仍可辨认。一问，始知系由内务府发交苏州织造局承办。然补此区区一个窟窿，竟报销银数百两有奇。咸丰抚裤慨然叹曰："为人君者，俭犹不可，而况奢乎！"从此不敢再以此类小事谕近臣，恐益增烦费也。

虽是身边两件小事，却深深刺痛了少有大志的咸丰皇帝。他深知，要中兴皇朝、光大祖业，就必须像皇父所说的那样，"为政首在得人，安民必先察吏"，"整饬吏治，为第一要事"。

道光三十年五月，咸丰谕内阁曰：

> 近年以来，登进冒滥，流品猥杂。短于才者，寺胥吏为腹心；急于利者，朘闾阎之膏血。以致政治坠坏，民生穷蹙，不可不极加整饬，以儆官邪。着各该督抚等留心察访，严加考核。廉能称职者登诸荐剡，以为激劝之阶；贪鄙阘茸者极予罢斥，以绝夤缘之路。牧令得人，则官方自饬，而民困渐苏，吏治蒸蒸日上，朕实有厚望焉。

然而，年轻皇帝的厚望始终没有实现。尽管他屡屡颁诏，整顿吏治、营伍、海防、河工、漕务、盐政、财政、学务、刑务、捕务，几乎涉及统治机构的各个角落，要求"上以实求，下以实应"，直至笔舌生厌，但朝廷内外依是相率苟安，不思振作。

有人奏：州县牧民之官，或侵用官款，百计聚敛；或借案索诈，赃私累累，以致民不聊生，惨死沟壑。

有人言：差役如同虎狼，或借催科之名，扰及闾阎；或假办差为名，科敛钱财。遇地方失事，又反诬良民，任意勒索。

又有人奏：将帅唯耽安逸，养尊处优，或以营卒为厮役，不事操防；或以空名冒钱粮，专事肥己，以致武备日弛，国防日废。

还有人言：国家养兵，所以卫民，但今日之兵，反而害民。借捕贼匪，出入民舍，无端抢夺，患与贼同。

……

望着案牍上堆积如山的奏折，一半是弹劾劣绩、指陈弊端，一半是曲意弥缝、多方讳饰，年轻的皇帝不禁哀叹道：

弊习相沿，几难挽救。一经官手，百弊丛生。冗阘不职之员，留之无益，黜之不胜其参。日趋日下，何时才可挽回？

咸丰一朝，统治者在整顿朝纲的举措中，主要有两大端：一是整顿吏治；二是振兴武备。整顿吏治的结果常使咸丰帝气愤不已，而振兴武备的现实也同样令他失望。

咸丰少年时代，离清王朝“定鼎燕京”之初，已逾两百余年。入关前后，八旗劲旅那种骁勇善战、横扫中原的壮举，早成为历史。在宫禁中长大的皇帝，既没有领略过康熙大帝亲征朔漠的英姿，也没有经历过乾隆皇帝“十全武功”的伟业。在他的血管里，虽然还流淌着祖宗叱咤风云的热血；在他的案头上，虽然也把重视清语骑射的祖训背得滚瓜烂熟……但他毕竟不是马背上长大的皇帝。

咸丰的马上生涯，只有偶一为之的御园行猎，可就是在春光明媚、扈从如云的围猎中，他也经不住马上的颠簸。还是皇子时，一日从猎南苑，在驰逐群兽之际，体质柔弱的咸丰突然坠马伤股，结果留下了终身的残疾，以致登基后的许多典礼，他都不得不遣官代行（因其跪拜不便）。故市井戏言，咸丰一代是“瘸龙病凤（孝贞后体弱多病）掌朝堂”。

咸丰尽管体弱有疾，但他却没有忘记“重骑射，娴清语，不习汉俗”的祖训。他特别感佩圣祖仁皇帝三次亲征噶尔丹、奠定大清版图的丰功伟绩，更幻想能够重振八旗军威，以挽回颓运、振兴王朝。所以，即位之初，十分重视清语、骑射，不仅将满族文武未用清字的奏折愤然掷回，而且经常赴箭亭等地阅看王公大臣和侍卫较射，分别奖惩。

箭亭，又名“紫金箭亭”，位于紫禁城奉先殿南面的一片开阔地上。乾隆十七年（1752 年），清高宗弘历担心满族祖制、习俗有失传的危险，于是召集王公大臣重温祖宗遗训，传谕“不忘本族习俗”。同时，为表诚心，下旨在敬奉祖先牌位的奉先殿南建造紫金箭亭，并立碑于亭内东侧，亲书谕旨，镌文碑上，要子孙后代“衣服言语，悉遵旧制，熟练骑射，操演技勇”，世世代代“永垂法守”。其后，嘉庆十三年，仁宗颙琰又立碑于亭内西侧，仍是告诫八旗文武，“勿酣酒肆，勿入赌场”，“不效汉俗”。箭亭建成后，乾隆、嘉庆、道光三帝均曾在这里骑马射箭，操演武艺。

咸丰初年，一日传旨，八旗兵丁每旗选神箭手 15 人，箭亭外较射。届时，紫金箭亭的前后 8 扇大门全部启开，仪仗排列两旁，台下武士间隔排开，擂鼓助威，旌旗猎猎，好一派威武气象。咸丰端坐在宝座上阅看，各旗选手争先献技，各显其能。阅罢，咸丰还算满意，即时封赏，这 120 余名箭手均封为六品顶戴蓝翎。

箭亭比武之后，咸丰意犹未尽。他到宁寿宫看望过康慈皇贵太妃，又来到景福宫五福五代堂。此处原是康熙皇帝侍奉孝惠皇太后（顺治帝后）宴息娱老之地。乾隆年间，高宗弘历喜得元孙，五世同堂，因即景福宫大书“五福五代堂”匾，为文以记。咸丰常来此地，为的是能沾点列祖列宗的福气。

宁寿宫离诸王居住的阿哥所不远。咸奉坐定后，便命召唤几个小弟来此试文肄武。咸丰在道光诸子中为长（道光九子，前三子早夭，四子奕訢即后来的咸丰，五子奕誴过嗣给仁宗第三子绵恺，六子奕䜣，七、八、九子在道光死时尚小），年龄虽不大，但他对几个小兄弟还是十分关心的。七弟（即醇郡王奕譞，后为慈禧妹夫）、八弟（即钟郡王奕詥）、九弟（即孚郡王奕譓），还有寿安固伦公主，很快承召来到咸丰面前，叩首问安。咸丰先讲了一番“我朝家法相传，国语骑射，尤当勤加肄习”的大道理，然后让弟妹们较射，赢者得赏。结果，八弟奕詥十箭中布靶四矢，九弟奕譓中三矢，咸丰各以玉玦赐之。已经 11 岁的奕譞仅中三矢，未蒙赏赉。咸丰命悬一个 5 寸的小布鹄，笑着说：“你射中此鹄，方可得赏。”是时，寿安固伦公主弯弓先射，中之。奕譞继射，第二矢始中，咸丰召至膝前，赐给他一个双狮玉玦，以资鼓励。

以后，奕譞稍大些，咸丰又命内技勇首领太监白福、鲁常泰等人教习他舞刀弄枪。咸丰在御花园也亲自教奕谡“恶蟒穿林”、“梨花乱舞”等刀法。

咸丰的苦心是不言而喻的。

然而，不管上谕煌煌，朝廷如何选精汰劣、整军习武，承平百余年的八旗子弟早已暮气深沉。他们不是骄逸自安、玩物丧志，便是素行怯懦、畏惧戎行。在上三旗子弟中，甚至连皇帝侍卫的人选都非常贫乏。另外，同样可悲的是，年轻的咸丰皇帝并没有从第一次鸦片战争中吸取教训，接受魏源等人“师夷长技以制夷”的进步主张，改变旧军制，抛弃旧战法，而是以自创刀法为得计，依然沉醉在铁骑弓箭天下无敌的神话之中。

第二章　决战天国

一 下诏罪己

咸丰元年八月二十日黎明，江淮的上空电闪雷鸣，风雨交加，奔腾咆哮的黄河于江苏丰县北岸决口。口门始陷四五十丈，继塌宽至数百丈，汹涌的黄水一泻千里。丰、沛两县顿成泽国，60州县受灾，邻近的山东各县亦被水冲，田庐漂没，房舍坍塌，淹毙人口不计其数，无家可归者更不知多少。

这只是咸丰即位以后的第二个较大天灾。

上年（1850年）八月初七，四川西昌境内刚刚发生了强烈地震（据《中国地震目录》记载，该次地震震级为7.5级，烈度达10度），地裂冒水，山体滑坡，房屋、庙宇一概倒塌。除外来人口死亡数不计外，压毙男女20600余人。房屋倒塌26000余间，10余万人流离失所。

严重的自然灾害，对刚刚即位的咸丰皇帝，无疑是一个沉重的打击。因十万生灵罹此凶灾，目前抚恤固非易事，将来堵筑，又非银两数百万不可。比这更让咸丰忧心如焚的，则是势如燎原的太平天国起义。

道光三十年十二月初十，是拜上帝会领袖洪秀全的生日。各地团营的首领见起义的时机已经成熟，便在金田村“恭祝万寿起义，正号太平天国元年”。从此，震惊中外的太平天国大起义正式爆发了。

7天以后，咸丰始知确切的消息。起初，他采纳杜受田的举荐，调湖南提督向荣、云南提督张必禄率兵入桂镇压。旋起用林则徐为钦差大臣兼广西巡抚，赴桂督师。殊料，林病殁途中，张死于军营。于是，咸丰又急命前两江总督李星沅为钦差大臣，接办广西军务，以前任漕运总督周天爵署理广西巡抚。结果，将帅不和，互相攻讦推诿。忧虑之中，咸丰以为绿营汉将无用，若沿袭祖制，遇事遣满蒙将帅出征，或许捷音立至。同年三月十日，咸丰特简蒙古贵族大学士赛尚阿为钦差大臣，疾驰湖南、广西；复派镶黄旗蒙古都统巴清德、镶白旗满洲副都统达洪阿等十余名满、蒙将弁，统领八旗兵丁。另调各省绿营，企图厚集兵力，一举消灭太平军。赛尚阿行前，咸丰特赐他“遏必隆刀”，以壮其行。并且，拨给库帑 200 万两作为军饷，授其节制各路兵马之权。倚畀之殷，不言自明。

但翰苑出身的赛尚阿，于部勒之规、按扼之方，懵然不知为何事；八旗贵胄又骄横贵倨，抗不从命。所带之兵，全是游惰之夫，勇于私斗，怯于临敌。结果，在太平军面前一败涂地。

咸丰二年五月，因黄河丰北决口，山东、江北受灾严重，饿殍沿途，饥民夹道。咸丰深恐由此激成更大的动乱，急派大学士杜受田前往灾区临赈。同时，发帑巨万，以治河工。但决口甚巨，劳而无功，黄河又于是年塞而复决，黄流肆虐，一片汪洋。“所在民多饿殍，尸骸遍野。”

黄河决口与太平军起义，一北一南，前后呼应，是当时统治阶级最为头疼的两件大事。工部左侍郎吕贤基分析道：今广西“会匪滋事”，两年以来，命将出师，竟无成效；南河丰工，久未合龙，漕运之阻滞，灾民之屯聚，处处堪虞；河工费已近 500 万，军需费已 1000 余万，百官束手无策，必然加倍朘削，邦本愈摇。

黄河虽费帑万金，在第二年终于合龙，但汹涌澎湃的农民大起义却方兴未艾。

就在黄河塞而复决的前夕，同年二月中旬，被清军重重包围在永安城的太平军，在洪秀全的指挥下，“男将女将尽持刀，同心放胆同杀妖”。选择清军防御力量较薄弱的古苏冲作为突破口，全队突围。阵斩清天津镇总兵长瑞、凉州镇总兵长寿、河北镇总兵董光甲、郧阳镇总兵邵鹤龄等清军官兵四五千人，大军直逼广西桂林。

“盼捷南荒未辑戎，下民昏垫又丰工。”

咸丰闻讯，焦灼万分。他一面任命在籍的汉族官僚为东南各省的团练大臣，组织地方武装，以图遏制汹涌的革命浪潮；一面下诏罪己，以图激励文武百官，效忠朝廷。

咸丰二年三月，年轻的咸丰帝首次颁诏罪己：

> 自登基二载以来，无日不以敬天爱民为念，兢兢业业，夙夜不遑，何敢稍存满溢之志，致开逸欲之萌。然医循疲玩，法令废弛，以致“盗贼”横行，重烦兵力。劳师糜饷，未能迅就荡平，皆吾罪也。而南河丰工漫口，至今尚未堵合，灾民荡析离居，更为可悯。均朕薄德，惟有自省愆尤，倍深刻责而已。

然而，皇帝的引咎自责，并不能扭转战场上的败局。太平军于永安冲出重围后，攻桂林、围长沙。所过郡县，望风破胆。咸丰于愤懑当中，急将赛尚阿褫职拿问，另简两广总督徐广缙为钦差大臣，统兵追剿。复起用琦善署河南巡抚，命两江总督陆建瀛等三路清军前堵后追，希冀保住武昌。同时，为防止太平军北上，清廷慌忙抽调黑龙江、吉林等地驻防八旗，以及直隶、陕甘等地绿营2万余人，赶赴琦善大营，屯兵江北。

但这些临时杂凑的各路清军，或远在千里之外，行军迟缓；或迟延观望，闻警先遁，太平军如同秋风扫落叶一般，所向披靡。咸丰二年十一月初七，太平军水陆两军“从岳州起程，千舡健将，两岸雄兵，鞭敲金镫响，沿路凯歌声，水流风顺”，直趋武汉。

接着，旬月之间，太平军连克汉阳、汉口和武昌三镇，威胁苏皖，震撼豫蜀，清廷极为震惊。愧恨交加的咸丰帝立即将钦差大臣徐广缙革职拿问，命向荣为钦差大臣，专办两湖军务。并且，破例增设两个钦差大臣：一个是署河南巡抚琦善，率军进防信阳、新野一带；一个是两江总督陆建瀛，督师扼守江皖，以图保住江南重镇——南京。

咸丰二年十二月三十，正是太平天国壬子二年的除夕。兴高采烈的太平军张灯结彩，击鼓奏乐，和武昌人民一道大庆3天，既是庆贺胜利，也是喜迎新年。咸丰三年正月初二，太平军又放弃武昌，直捣南京。水陆两军，顺流东下，帆幔蔽江，黄旗遮日，头尾数十里，锐不可当。

与此同时，纷纷扬扬的大雪笼罩着沉闷的紫禁城。除夕夜过，养心殿东暖阁内仍旧是烛火通明，年轻的咸丰帝正兴致勃勃地举行明窗开笔之典。他按照祖宗传下来的例典，先御朱毫，后染墨翰，用“万年青”御笔写下了一首祈盼捷音和国泰民安的吉祥诗：

开笔迎韶率言吉，元正例有冠吟篇。
三冬雪润丰堪卜，大地阳回捷速传。
昊贶祖恩心对越，金瓯玉烛祚绵延。
途长益励思兢惕，巩固丕基勉绍先。

咸丰望着自己清秀、遒劲的墨宝，依然暗自得意，他相信自己的才华不仅能从速剿灭太平军，而且也一定会巩固大清朝的社稷江山，做一代中兴之主。

然而，事与愿违。

咸丰脸上的得意之情尚未消失，二月初十日，南京城破的败讯便传入宫内。当他得知钦差大臣陆建瀛、前广西巡抚邹鸣鹤、江宁将军祥厚、副都统霍隆武及以下满蒙将弁全行阵亡，太平天国定都南京（时称天京）的消息后，不禁五内俱焚，寝食难安。

盛怒之中，咸丰一面拿问失职将帅，一面调兵遣将，诏催各地清军驰赴大江两岸。长江以南，以向荣为首扎营于紫金山一带，称为“江南大营”；长江以北，钦差大臣琦善等人领兵驻扎扬州城外，称为“江北大营”。南北两路，防剿兼施，以遏制太平军北上。

同年四月，惶恐不安的咸丰帝再次下诏罪己：

朕以薄德，敬承考命，抚育万方，兢兢业业，已三年矣。深惭治理乖方，愆尤丛集。溯自道光三十年秋，“逆丑”跳梁，征调频仍，迄无成效。将士疲于甲胄，黔黎苦于差徭。当今之时，司牧者何事，而吾民涂炭未复？吾一人辜恩咎重，夫复何辞！朕惟有虔恳昊天，速消民劫。期与军营诸将士，共奋安民之志，扫荡此“贼”，以苏民困。因志吾之过以自警焉。

并且，命礼部及各地封疆大吏将这《罪己诏》刊刻誊黄，宣示中外。

二　焚香告祖

在壁垒森严的紫禁城内，除天子亲将的三千禁军之外，还有数不清的宫殿和佛堂里都供奉着各路神灵。其中，佛教、道教的都有，以期护佑着大清王朝的久安长治。

清帝寝兴常临的养心殿，有东、西两个佛堂。在东佛堂佛龛之右，还供奉着康熙以下历朝皇帝和皇后的神位。咸丰是个虔诚的佛教徒，即位以后，天下不宁，为了保住祖宗的江山，他不仅举贤纳谏，整顿朝纲，而且频频在紫禁城内外拈香拜佛，乞求佛祖让他做一个太平天子。为了表示诚心，他命太监、喇嘛每月朔望在西佛堂祷念、诵经，以期祛灾纳福。

太平天国建都南京的消息传到京城后，悲愤交集的咸丰帝一连几日茶饭无心，夜不能寐。一日，夜半披衣，他信步走到前殿的抱厦之中，竹林飒飒，月光融融，遂命近侍设几焚香，自己则亲手将燃香放置铜炉里，朝苍天深深一拜。

几竿得地似潇湘，劲直凌云静晓芳。

好是月明人寂寂，阶前筛影斗寒光。

近日前方损兵折将，败讯频传，令咸丰心烦意乱。初居养心殿时的那种信心百倍的心情，已完全变成了愧疚和不安，不敢正视壁上楣间那些祖宗们留下的遗物和墨宝。他理解《三朝圣训》的每一句话，也懂得“勤政亲贤”（雍正御书）、“自强不息”（乾隆御书）和“如在其上”（嘉庆御书）的内在含义，但眼前残酷的现实却绝不是这些警句所能应付的。望着袅袅上升的青烟，咸丰叹息不止。他恼恨自己，即位才三载，天下便糜烂不堪，祖宗的半壁江山几乎就要断送；他怨恨前方将帅，不实心效力，失陷城池，一溃千里。

仰天长叹中，咸丰又一次看见“为君难”三个大字，这是世宗宪皇帝的御笔。

一股暖流促成了那种说不清楚的心灵的交汇。

他望着香烟缭绕的祖宗神位，双腿一跪，不禁潸然泪下。全部难言的苦衷即时从心中涌起，伴着泪水倾泻在列祖列宗的面前：

不孝承继大统，临御万邦，缵列圣重熙之绪，际四方多事之时。即位以来，无日不以敬天法祖为念，孜孜求治，夙夜不遑。无奈“贼患”、水患交相叠来，需款孔亟，而库款拮据，岁入奇缺。各省欠款甚巨，久催不至。自广西用兵以来，迄今三载，经户部奏拨军饷及各省截留筹解，已至二千七百余万两。其中移缓救急，提后尽前，罗掘之方，实已无微不尽。乃

> 三城（指南京、扬州、江）未复，久顿重兵，南路则窜扰江西，北路则蔓延皖豫。粮台之设，至六七处之多，请饷纷纷，日不暇给。加以福建之会匪未除，丰北之黄河复决。目前，军需迫不待时，但被兵省分，已无可催征。而素称完善之区，如江苏已请缓征，山东则请留用，山（西）陕（西）、浙江皆办防堵，是地丁所入万难足额矣。扬州久被贼占，汉口疮痍未复，淮南全纲不可收拾，是盐课所入去其大桩矣。芜湖、九江、江宁、凤阳先后被扰，夔关、苏关商贩亦多裹足，甚至崇文门亦请尽收尽解，是关税所入亦仅存虚名矣。此皆常年所指为例拨者，今已尽供军需，仍犹虞不足。正供不足，乃沿用旧法，叠经降旨，令各省督抚妥为劝谕捐输。有能捐赀至百万或数十万者，即赏加五等封爵，与效力行间无异；凡绅士商民，捐饷至十万两者，准增加该省文武乡试名额。然各种名目，均收益甚微，无补大用，而内帑所藏又十分有限。眼下户部存银仅余二十余万两，下月应发兵饷，尚多不敷。在户部十余年的老臣，亦从未见此窘迫情形。

咸丰心中积蓄的苦水，也如决堤的黄河，一溃不止。他想从这些心灵的倾诉中，得到祖宗的宽容和谅解；他想排泄这些无以言状的苦闷，来解脱心头长期的重负。他感叹生不逢时，补天无力；他道出了天下大乱、库款奇缺的苦衷。更让他百思不得其解的是，祖宗留下的经制之师怎么会如此的腐败和无能。

> 自粤匪滋事以来，各省旗绿营汛弁兵，办防助剿，征调之数甚繁，无奈遇贼即逃。贼匪所过城池，到即失陷，亦未闻地方官如何守御，殊不可解。癸丑（即咸丰三年）春正月，寇去武昌，悉锐东趋，俘男女数十万，舳舻十万蔽江而下，而两江总督陆建瀛、江西巡抚张芾一闻警急，纷纷思避，标兵炮船，一夕不知所往。粮饷军装，尽被掳掠。自是寇直躏濒江数千里，如入无人之境。近复调集各路重兵，合之前调之兵，不下二十余万。近览军营奏报，各地镇将或以守候军火夫马，借口逗留；或以防堵为名，远避地方。抗不遵调，畏葸玩误，几致相沿成风。纵贼殃民，深堪痛恨。

烛光惨淡，月影西移。咸丰这一段焚香告祖的独白并非虚妄。

经济条件始终都制约着历史的发展，而任何君主也都不可能向经济条件发号施令。据《清文宗实录》统计，迄道光末年，除节年民欠正耗钱粮已全行豁免外，各省积欠的银两高达 2463 万余两，相当于咸丰三年户部银库全年收入的 51 倍。户部存银，即使把已拨未解和起解在途的银两加在一起，也不过 410 余万两。这点库存，仅相当于康熙四十八年（1709 年）库存的 8%；雍正朝年平均库存的 6.7%；乾隆四十六年库存的 5.7%。为镇压太平军起义，军兴三载，糜饷已至 2963 万余两。

库贮既竭，岁入奇缺，原来赖以补助财政困难的捐输，此时也毫不足恃。尽管清廷捐纳官爵一再减成，巧立名目，到咸丰三年，户部所收捐纳银不过 67 万余两，占户部全年收入近 15%，无法与嘉道两朝相比。因嘉庆一朝，常年所收捐纳银便占户部银两收入的百分之五六十。遇有特开事例之年，则收数多在千万两上下，为嘉庆朝镇压白莲教起义提供了一定的经济基础。

国库如洗，筹款维艰，但咸丰的各项支出却与日俱增。

咸丰即位后，旱、涝、风、虫各种自然灾害遍及18行省。其中，元年秋黄河丰北决口，两载始行堵合。三年夏间，丰工复溢，黄水直灌微山湖。苏北、山东连续3年遭水灾，饥民十百为群，率皆老幼妇女，绕路啼号，不可胜数。或鹑衣百结，面无人色；或裸体无衣，伏地垂毙。其路旁倒毙死尸，多断胔残骸，惨不忍睹。苏南大旱，赤地千里，以至人自相食。

其时，正当太平天国起义如火如荼，咸丰瞻顾南方，惶恐不安。因他生怕太平军探闻河决，联络灾民，振臂一呼，四下响应，那更不堪设想。所以，尽管军需浩繁，山穷水尽，清政府还要设法对受灾较重的地区实行必要的抚恤赈济、蠲缓钱粮的措施。据《清文宗实录》统计，从咸丰元年到咸丰三年，3年之中，清政府不得不蠲缓钱粮额赋的地区，共有28府、1538县、150场（包括卫，下同）次；而由于农民起义军锋所至，清政府无可催征或被迫蠲缓钱粮的地方，亦有8府、340县次。此外，还赈贷直隶等12省中2府、209县、13场次口粮银米和种子等。其中，咸丰元年黄河决口，一次就拨库银500万两修河抢险，并截漕粮等88.7万余石赈济鲁、苏、浙三省灾民。

税收不足，加上庞大的军费、河工、赈灾等例外开支，使整个清王朝的财政体制开始全面崩溃。为挽救摇摇欲坠的封建统治，咸丰不得不“变以求通”：原来由中央掌管的捐纳、捐输权限下放到地方督抚；允许地方自行举借内外债；产生了独立于国家财政系统之外的厘金制度；原来由中央统一调拨的解协款制度，也变为定额摊派，摊派后各省剩余的资金则由地方支配。这样，随着地方分权的财政系统的逐步形成，晚清督抚专政的经济基础便不断扩大，为近代中国军阀政治的产生埋下了致命的隐患。

至于咸丰帝所哀叹的官兵与“贼匪勾通一气，提镇大员等卖缺肥己，参游都守（均为清军中下级官弁）等扣饷虐兵、府厅州县各官纵盗殃民”等各种腐败现象，更是腐朽没落的封建制度本身造成的。

作为国家经制部队的绿营与八旗，其系统的建立，完全是为了巩固清王朝的长治久安，所以其主要功能是为了稳定地方，而非正规作战。这对封建中央集权来讲，无疑是十分有利的，也便于控制各族人民和镇压局部地区的人民的反抗斗争，但一遇到大规模的农民起义或对外战争时，其结构功能便明显地失去了效用。绿营军队的结构特点如下。

一是营制细密，化整为散；兵皆土著，将皆升转。

在清代的典章中，我们找不到绿营军队战时的编制制度，而平时编制又因地理形势的不同，各省营制的缓冲疏密、兵数多寡都不一样，但总的原则是化整为散，全国的绿营兵都被束缚在大大小小的防地上，各有守土之责。虽然便于弹压地方，但却很难迅速集中兵力，对付突起的大规模战争。面对蔽江而来的太平军百万雄师，偌大的金陵城内，经多方调遣，连驻防旗营（3900余人）在内，仅得5000余人。城垣周96里，垛口一万五千有奇，何言战守？

同时，清制，兵皆世业，将皆调补。“兵非弁之所招，弁非将之所亲信，既无恩义，自难钤束。以传舍之官，驭世业之兵，亦如州、县之于吏役，欲其整饬变化，服教从风，此必无之事。”所以，军兴伊始，兵不用命，将不知兵，不听号令、不遵调遣的事例屡屡发生。

二是战时抽调，集凑成军；以文制武，以满制汉。

清朝遇警调兵，是采取零星征调的方式，征调各营或出数十人，或出一两百人，杂凑成军。这种方法不仅将与将不和、卒与卒不习，胜则相忌、败不相救，而且，限于交通、装备，行动起来十分迂缓。如咸丰元年二月二十一日，钦差大臣李星沅奏请咸丰简派总统将军来粤督剿。三月十日，清廷授大学士赛尚阿为钦差大臣，但直到六月八日，赛方抵桂林。离李星沅哀恳救兵之时，已过百日(李四月十二日死于军中)。北兵南调，气候不适，原本腐朽的军队则更加腐朽。

同时，用兵以来，内而朝中卿相，外而各省督抚，类皆翰苑出身，不谙军务。这种以文制武的明显弊端，是指挥作战的主将在战场上权威性不强，必然出现将不从命、抗不遵调的现象。至于以满制汉的弊端，则更是不一而足。因此时的八旗贵胄，非初历戎行，即素行怯懦，骄横贵倨却不减当年。所以，旗（满族将帅）绿（汉族将帅）不和，阵前龃龉，每每误事。

三是财政一统，俸饷微薄；差操不分，兵骄将惰。

清代寄兵权于督抚，以收用文制武之效。为防督抚擅兵，又定协款与奏销制度，集饷权于中央。绿营本世兵制度，将弁的俸薪极低，即使加上“养廉银”，一般中下层官员的生活也并不宽裕，兵丁则更苦。所以，兵弁当小贩、以手艺糊口的现象极为普遍。加之封建社会的日益腐朽，其将帅以营卒为厮役，不事操防；以空名冒钱粮，专事肥己等现象，也就不足为奇了。兵丁则疲弱涣散，实如佣丐。

另外，绿营建制，兵丁除分散设防、有守土之责外，还要兼顾繁杂的差役，如驿卒邮差、捕盗巡防等。这样便形成镇守与百役并肩、差操不分的混淆现象。应差弁兵逐渐养成油滑偷惰之习，其将帅更是堆耽安逸、养尊处优。一遇征调，官兵即向地方勒索车马酒食，稍不如意便百般凌辱，以致地方苦累、民不聊生。由这样的兵将组成的军队，其战斗力是不言而喻的。

四是各成系统，各分畛域；彼此制约，自顾疆圉。

在清代中央集权的系统中，一省（或总督辖制的两三省）之内，政、财、军、法各权分立，各有其子系统，彼此制约，互不相让；而各省（或各相对独立的战区）之间，又由督抚统率各成系统，上对皇帝负责，彼此缺乏横向联系。一遇利害冲突，必然形成自顾疆圉、各分畛域的状态，如咸丰二年五月，太平军攻克全州，逼近楚疆，前调至桂省的楚兵，广西巡抚邹鸣鹤坚留不放，“以纵贼出境为了事，以留兵自卫为得计”。为此，美国学者马士曾有一段精彩的评论：

如果黄河决口发生在河南，河南当局当然尽力以赴，但至于如何指导修复工作，使它的邻省山东不致受害，却不是他份内的事情，那是山东当局的事情。如果广西的一次叛变已被制止，叛军被迫逃进湖南省境，那么，“让它去罢，感谢上苍，总算安然避开了一个恶人”。于是，这又成为湖南当局的事情了。

由此观之，一方面是文不知兵、武不用命、事权不一、腐败无能的乌合之众；另一面是同仇敌忾、前赴后继、事权归一、万众一心的太平军将士。咸丰尽管“宵旰焦劳，省躬滋惧”，焚香告祖，连连罪已，又能有什么用呢？

三　出鞘的“白虹刀”

在紫禁城乾清宫的两侧，各有一座通身鎏金、造型端庄的铜殿。东面的叫做“江山金殿”，西边的称为“社稷金殿”。江山、社稷两金殿的建造，是封建帝王寓国家以形象的表现，用以显示皇帝的尊贵和其至高无上的权力。

但此时，咸丰皇帝的这种权力，在太平天国如火如荼的大起义中，已经大打折扣了。

就在咸丰调兵遣将、屯兵大江南北之际，天王洪秀全命天官副丞相林凤祥、地官正丞相李开芳率领精锐将士 2 万余人，自扬州出师北伐。随后，春官正丞相吉文元自浦口、殿左三检点朱锡琨自天京，经六合，相继统军北上。太平天国投入北伐的三批兵力约有 4

万余人，其目标是袭取北京。他们采取师行间道、避实就虚的战略战术，攻入安徽后，势如破竹，连克滁州、临淮关、凤阳、亳州等地。咸丰三年五月，北伐军冲破了河南巡抚陆应谷的防御后，进逼开封城下，各地羽书告急。此时几乎无兵可调、无款可筹的咸丰帝仓皇失措，他在陆应谷告急的奏折上，握管哀叹："汴省能守与否，惟在天也，非人也。"五月二十一日至二十六日，太平军大队人马在巩县附近突破黄河天险，然后乘胜进围豫北重镇怀庆。

无独有偶，太平军渡过黄河的第三天，雷雨大作，汹涌的黄河在丰北西坝再次决口。奔腾的黄河夹着疾风冷雨直灌东境微山湖，冲入运河，远近一片汪洋。接着，永定河、北运河、子牙河、卫河等先后漫溢，近畿各处被淹甚广。京城内亦水深数尺，官署民居多有倒塌。

咸丰闻讯，又急又恨，大骂河员无能："丰北大工，今春甫经合龙。现复漫决，当此贼氛未靖，筹饷维艰，又复出此巨工，该汛文武所司何事！"同时急派直隶总督纳尔经额为钦差大臣，理藩院尚书恩华和江宁将军托明阿为帮办大臣，调集重兵防堵。北伐军同清军展开了激战，"锁钥邦畿重，岩岩峙巨关"。纳尔经额带兵刚到临铭关，北伐大军已兵临城下。清军仓皇失措，车驰卒奔，万余人溃散。太平军乘胜克沙河继续北上，前锋一度逼近保定。在太平军势不可挡的攻势下，清廷惊恐万状，京城大员家眷及官绅人等无不作鸟兽散，连正阳门外也如荒郊旷野，杳无人迹。咸丰帝急忙召集王公大臣商讨对策，但习惯于歌舞升平的王公贵族们并拿不出什么高明的办法，一个个"皆涕泣丧胆，眼眶肿若樱桃"。

统治者是绝不会轻易放弃他们的“社稷江山”的。

危难当头，以咸丰为首的满洲亲贵们立即进行了地主阶级的总动员，要和太平天国农民起义军殊死一战。

九月初九，乾清宫上下刀光剑影、杀气腾腾，咸丰在这里举行遣将出征大典。任命其叔父惠亲王绵愉为奉命大将军，科尔沁郡王僧格林沁为参赞大臣，并分别授予两人锐捷宝刀、纳库尼素宝刀，“即日统领健锐营、外火器营、两翼前锋营、八旗护军营、巡捕五营、及察哈尔各官兵并哲里木、卓索图、昭乌达东三盟蒙古诸王劲旅，由京前往合剿”，几乎是倾巢出动。

接着，京师戒严，添派恭亲王奕䜣署领侍卫内大臣，并准其佩带金桃皮鞘白虹刀，办理京城巡防事宜。其后，又命奕䜣入直军机，赞襄军务，全力围剿北伐军。

“夙夜所筹枢务重，勖勤有赖是诸卿。”

锐捷宝刀和白虹刀是道光皇帝于道光二十九年分别赐给他的两个爱子奕詝、奕䜣的两把传世宝刀，希望兄弟二人毋忘弓马骑射，协力重振朝纲。危急时刻，咸丰以此激励将帅，他的最后赌注完全押在这些满蒙亲贵的身上。当时，守卫京师的各旗营官兵约有 15 万人。

九月下旬，北伐军转战至天津附近，天津知县谢子澄带兵拼命顽抗，并掘开芥园大运河堤，使天津城南一片汪洋，倏成巨浸，以阻挡北伐军攻城。时届严寒，北伐军在饥寒交迫中停驻待援。

咸丰四年初，北伐军放弃静海、独流南撤。二月，退守阜城，平胡侯吉文元阵亡。四月，北伐军退至东光县连镇待援。其间，洪秀全两次派兵北援，均未成功。北伐军首领林凤祥率军固守连镇，与僧格林沁大军相持数月之久。时英美两国屡次向清政府提出修约交涉，咸丰唯恐夷人北上天津，内外相逼，大局更不堪设想，于是严谕僧格林沁“速将连镇‘贼匪’克日剿除，俾我数万重兵，不致为其牵掣，于防守（外夷）大有关系”。僧格林沁围绕连镇筑短墙20公里，外掘深壕，紧逼围困，并引运河水淹灌连镇。五年一月，林凤祥率众突围，不幸受伤被俘，部众半死刀枪之下，半死运河水中。林凤祥被押解京师寸磔，就义时刀所及处，眼光犹直视之，终未尝出一声，表现了坚贞不屈的崇高气节。后来太平天国追封其为求王，表彰他的忠勇义烈。

北伐军另一首领李开芳率骑兵2000余人南下接应援军，被清军围困在山东高唐，与胜保对峙。后僧格林沁移军高唐，李开芳率部突围南下，退守冯官屯。清军故伎重演，筑围墙，掘长壕，引运河水灌冯官屯。屯中水深数尺，北伐军粮草、火药尽湿，守御不成，突围无望，最后李开芳亦被清廷凌迟处死。

红旗报捷的快马驰入北京后，咸丰喜出望外，连忙奔入寿康宫向皇贵太妃贺喜，并命人笔墨伺候，激动地写下了“喜报红旌”四个字。

阅历未深的咸丰帝以为太平天国不过如此，他收复江南大有希望。然而，他得意得太早了。

这场血与火的较量并没有完结，中国历史上最残酷的阶级大厮杀鏖战正酣。在血雨腥风之中，肆虐的黄河再一次回报人间的腐败。

咸丰五年六月十九日，愤怒的黄河于河南下北厅的铜瓦厢奔腾溃决，巨浪冲天，水面横宽数十里至百数十里不等，致使河南、直隶、山东被淹州县多达40有余。从此，正河断流，黄河改道经山东大清河入海，成为近代黄灾史上最重大的事件。黄流所过之区，灾黎遍野，处处哀鸿；而原有的下游河道则赤地千里，徒步可行，饿莩塞途，惨不忍睹。

天灾造成人祸，而人祸又导致更大的天灾。

极度腐朽的封建制度，造成黄河一次次泛滥，吞没了数不清的黎民百姓；残暴的统治阶级一次次掘堤灌水，不知淹毙了多少北伐的将士。二者造成的苦难，都更以十倍百倍的力量，摇撼着清王朝的政权。

咸丰六年二月，燕王秦日纲等人在扬州城外大败清钦差大臣托明阿等，再克扬州，清江北大营溃败。接着，江苏巡抚吉尔抗阿兵败自杀。同年五月，翼王石达开和秦日纲又合军夹攻江南大营，钦差大臣向荣兵败走丹阳，自缢而死。这样，太平天国解除了天京的肘腋之患，自上游武汉至下游镇江的千里大江上畅行无阻，形成了太平天国军事史上的全盛时期。

四　倾斜的金字塔

19世纪中叶，势不可挡的太平天国大起义，如急风暴雨摇撼着腐朽的晚清王朝。

为挽救摇摇欲坠的封建统治，咸丰皇帝在兵饷两难的情况下，不得不变以求通。在这变以求通的过程中，与封建中央集权背道而驰的自繁殖现象便不可避免地产生了。咸丰三年秋天，根据咸丰就地筹饷的旨意，首先在扬州江北大营产生了厘金制度。这是一种变相捐输，抽取日用必需品百分之一的税款，亦称“厘捐”，后来逐步推行到全国各省。从它产生之日起，便独立于国家的财政系统之外，由统兵大臣和各地督抚自行掌握，设局委员，总理其事。此项收入，各省逐年增加，取代且远远超过了咸丰即位以前的常关关税，成为当时督抚权重的重要经济基础。

除了厘金以外，原来由中央吏、户两部掌管的捐纳、捐输等权限也开始下放给地方。同时，各省用兵需饷，又纷纷截留应该调拨中央的款项，使原来的解协款制度也发生了重大变化。地方政府只要解足一定份额的“京饷”外，其余款项可自行收支挪用。

这样，随着地方收支范围的不断扩大，地方财政与税收机构亦日趋完备，最后逐渐形成财政、税收、金融各自分开，纯属于督抚的地方财政系统。与此同时，清王朝的财政中心也开始由中央向地方转移。尽管这种自繁殖现象在咸丰时期还处于混乱状态，但它却给整个中央集权系统埋下了致命的隐患。

为解决将领乏人、兵不堪用的问题，咸丰又拾起了祖父嘉庆皇帝以乡勇助官兵的办法，号召各省地方官举办团练。仅太平天国定都南京后，短短 1 个月内，咸丰皇帝便先后任命四批团练大臣，总计 45 人。

但这些团练大臣碌碌无为者多，只有在籍侍郎湖南团练大臣曾国藩干出了令世人瞩目的事情。曾国藩接到咸丰命他“帮同办理本省团练乡民搜查土匪诸事务”的谕旨后，其心志本不在乡勇团练，而是要另起炉灶，创建新军。于是他打着团练的旗号，改革军制，纠集一伙志同道合的湖南乡绅，很快建立起一支武装力量，这就是后来镇压太平天国的主力——湘军。湘军采用的是明代戚继光的束伍之法，它与清代绿营的“兵皆世业，将皆调补”的制度恰好相反。其士兵都是招自湖南的乡农，其招募制度是兵必自招、将必亲选。各军统领由大帅挑选，营官由统领挑选，哨弁由营官挑选，什长由哨弁挑选，士兵由什长挑选，好像大树一样，大帅如根，由根而生干、生枝、生叶，上下一气贯通。其粮饷军需也不同于绿营由户部拨给，而是由大帅自筹得来，故大帅有权支配各种饷项，其下弁兵亦只知有大帅而不知有皇上。这样，就把清朝绿营制度下的兵为国有一变而为兵为将有。湘军，实际上成为了曾国藩的私军。

这支游离于国家经制之师以外的湘军成立以后，咸丰帝对曾国藩一人统领重兵很不放心，不仅多方钳制，始终不把湘军放在镇压太平天国的主要战场上，而且长期不授予曾国藩等人军政实权。

不料，湘军异军突起。咸丰四年八月，湘军一举攻破太平军固守的武昌重镇。被太平军打得焦头烂额的咸丰闻报后大喜过望，一时竟忘了原来的猜忌之心，立刻任命曾国藩为署理湖北巡抚，并眉飞色舞地对军机大臣说：“不意曾国藩一书生，乃能建此奇功。”首席军机大臣祁寯藻进言说：“曾国藩以侍郎在籍，犹匹夫耳。匹夫居闾里，一呼蹶起，从之者万余人，恐非国家之福。”一句话如当头棒喝，咸丰默然变色，被胜利冲昏的头脑很快又清醒过来。所以，曾国藩假意辞谢的奏疏还没有到达北京，皇帝早已改变了主意，降旨令曾国藩毋庸署理湖北巡抚，仅赏给一个兵部侍郎衔。

咸丰为什么如此朝令夕改呢？

原来，早在清代前期即已形成的高度中央集权体制中，地方督抚的权力是很大的，凡地方上的民政、兵政、财政、司法诸大权都归于他。为了防止其擅权，清廷特在督抚之下设立承宣布政使司主管一省的民政和财政，另设提刑按察使司主管一省的刑名和按劾。两司都不是督抚的属官，各听命于吏部和户部，有专折奏事之权。督抚对于他们，不过居于督率的地位。这样，中央便收各行省大权而不为督抚所把持。同时，清廷为防止武将擅权，督抚以文人铨任，不用武人。盖以武人知兵，不能轻与事权；文人不习兵事，不妨假以重任。这样，平时收以文制武之效，有大事的时候，清廷也不责之于督抚，而是特简经略大臣等，代表皇帝专事征伐。

但翻江倒海的太平天国大起义打乱了清王朝传统的中央集权体制，为渡过前所未有的经济危机，清廷被迫下放财权给督抚，允许他们就地筹款，自行支配。无形中地方督抚的权力已然扩大了，但一般的督抚大都不知兵事，“手中腹中，无兵无将”，故对朝廷构不成什么威胁。曾国藩却不同，他虽是文官，但颇知带兵用将，手下又有不归兵部统辖的湘军。如果再让他位居督抚，有筹款用人之权，清廷该如何控制？所以，军机大臣一席话使咸丰立时醒悟。咸丰从此严守祖训，再不肯把督抚大权交给手握重兵的曾国藩，使其六七年中一直处于客军虚悬的地位，不能大行其志。

咸丰的猜忌和防范，引起逐步壮大的曾国藩集团的极大反感。他们大发牢骚，直指朝廷，甚至微语曾国藩乘时以出，可取清室天下而代之。

咸丰十年春，清政府苦心经营的江南大营再度崩溃，十余万太平军如决堤的大潮，奔腾汹涌地席卷苏常。咸丰闻讯，愤而咯血，而曾国藩一伙则额手称庆，以为是自己的出头之日。左宗棠掀髯笑曰："天下其有转机乎！"有人细问其故，左言："江南大营将骄卒惰，万不足以讨'贼'。得此一洗荡之，后来者可以措手耳。"胡林翼也表示：朝廷若能以江南事付曾公，天下不足平也。

江南大营溃败后，咸丰环顾天下，除了保卫京津以对抗英法联军的满蒙八旗外，实在无人可对付江南的太平军，但他还不想把督抚大权一下子交给曾国藩。督办苏、浙、皖、赣四省军务的钦差大臣——江宁将军和春死后，咸丰命荆州将军都兴阿督办江苏江北军务、广西提督张玉良署理钦差大臣，江宁副都统魁玉署理江宁将军。但是势如破竹的太平军连战皆捷，江南大局危在旦夕，为挽回败局，巩固北路藩篱，万般无奈的咸丰终于下令赏前任侍郎曾国藩兵部尚书衔，署两江总督。但当时并没有给其典兵之权，直到英法联军北塘登陆、张玉良畏葸革职、太平军占领余杭之后，咸丰才实授曾国藩为两江总督、钦差大臣，督办江南军务。

从此，在镇压太平军和捻军的战场上，兵为将有的私人武装逐渐取代了兵为国有的八旗、绿营。

曾国藩临危受命后，并没有按照咸丰的旨意办事。对咸丰催其"迅拨劲旅驰往救援"，"迅扫逆氛以慰朕望"的十余道严旨，全然不顾，百般辩解，始终不动一兵一卒。更让咸丰寒心的是，咸丰十年八月，他带领嫔妃、宫监和亲信大臣逃往热河时，各地督、抚、将军纷纷带兵赴京"勤王"，而唯有曾国藩在接到"勤王"谕旨后迟迟按兵不动，并以种种理由拖延时间，以待军国之变。

在大兵压境、朝廷危在旦夕之际，曾国藩到底在忙什么呢？

他在全力经营自己的地盘。曾国藩得到两江总督、钦差大臣的权力后，一方面破格请将，放胆添兵，积极培植羽翼；一方面扩张江南和皖南、淮扬饷地。待兵源、饷源落实之后，他便积极扩张防地：首先，接统皖南张芾诸军，渐次裁汰；其次，控制督办宁国军务的周天受，合并其军，派荆州将军都兴阿接办扬州防务（都氏向为配合湘军之马队）。然后是镇压太平军的三支主力：左宗棠入浙，取代杭州将军瑞昌；李鸿章援沪，接替江苏巡抚薛焕的防务；其弟曾国荃一军围攻金陵，成为全局的核心。同时，围绕两江总督曾国藩，有李鸿章任苏抚、沈葆桢任江抚、李续宜任皖抚、左宗棠任浙抚。如此，把清廷原来对付太平军的几个战场变成一个整体，大江南北的军政指挥权完全落在了自己手中。这是咸丰始料未及的。

江督统辖三省（苏、皖、赣），财富甲于全国。在此得天独厚的经济基础上，湘军集团急剧扩张。到同治元年（1862 年），曾国藩直辖的湘军已达 12 万人。到同治二年，湘军集团中已有三人任总督，权及东南七省，占全国八总督的三分之一强；有九人先后任七省巡抚，占当时十五巡抚的几乎一半。到同治五年，湘军中位居提镇以上的高级将领，多达 70 人，其余参游以下将弁亦成百上千。整个湘军集团的内部结构中，不仅有其领导人物，掌握着一方民政、军政、财政和司法大权，而且，有其独立的军事、财政和后勤系统，包括储备人才的幕府、培养人才的学校、制造各种枪炮子弹的兵工厂。这样，从招兵募将到委官筹饷，从选拔和培养人才到举荐专阃疆吏，整个系统均以个人的意志为转移，举足轻重的督抚割据势力形成了。史载，当时曾国藩权力之大，长江三千里，没有一船不张挂他的旗帜，四省厘金络绎输送，各处兵将一呼百诺。

咸丰最不愿意看到的地方分权势力终于形成了，清代高度中央集权的金字塔开始倾斜。

第三章　天闺恩怨

一 宠后与爱妃

北京的六月，已是万花纷谢、绿树如荫的季节。

堂子街门外兵部衙门，旌旗蔽日，海螺长鸣，神采奕奕的惠亲王绵愉和踌躇满志的蒙古郡王僧格林沁并驾齐驱，在从征侍卫和文武百官的簇拥下，开始举行盛大的凯旋典礼，仪仗前引，浩浩荡荡地奔向紫禁城。

吉时已到，午门鸣钟响鼓，满面春风的咸丰帝身穿龙袍衮服，头戴东珠宝冠，在中和韶乐声中入乾清宫宝座。剿灭北伐军的一时得手，已使他飘飘然。咸丰选中乾清宫而非养心殿举行凯旋大典，也是颇有用心的。《老子》上说，“天得一以清，地得一以宁”。乾，天也；坤，地也。在这里收缴出征将帅的关防宝印，意在表明自己统治有方，天清地宁。另外，大殿内高悬的“正大光明”(《易经·履·彖辞》语，四字为顺治帝所书，一为自我吹嘘，二为告诫子孙）四字，也象征着统驭四方的当朝天子“刚中正，履帝位而不疚，光明也”，表明自己完全有能力做中兴之主。

阶下三鸣鞭，丹陛大乐复起，王公百官行三跪九叩礼毕。奉命大将军惠亲王绵愉和参赞大臣科尔沁郡王僧格林沁均蟒袍补服率从征侍卫官员恭缴大将军印、参赞大臣关防，和咸丰所赐讷库尼素宝刀。然后，二王至御座前，与皇帝行抱见礼。咸丰亲加慰问，各赏朝珠一盘、四团龙补褂一件。

就在凯旋大典的前一天，得意扬扬的年轻皇帝并没有忘记晋封他的爱妾他他拉氏为丽妃。

咸丰前后共有皇后、妃嫔19位。他17岁为皇子时，曾娶太常寺少卿富泰女萨克达氏为妻。不久，萨克达氏病故。登位后，咸丰二年立广西右江道穆杨阿女钮祜禄氏为后（即后来的慈安太后，亦称“东太后”）。同时，晋升为皇子时的侍妾云贵人为云嫔。到咸丰三年时，咸丰帝的内廷主位共有10人，即皇后、云嫔、兰贵人、丽贵人、婉贵人、伊贵人、容常在、鑫常在、明常在、玫常在。

其中的兰贵人，即叶赫那拉氏，就是后来的懿贵妃，是曾三次垂帘听政、统治中国近半个世纪的慈禧皇太后（亦称“西太后”）。关于她的传奇异闻，议论颇多，我们下面再叙。先说一说咸丰即位之初，他最钟情的后宫主位到底是谁。

《清宫秘史》和《清史演义》中都载道：

> 咸丰改元，挑选秀女，入宫备使。兰儿奉旨应选，秀骨姗姗，别具一种丰韵。咸丰帝年少爱花，自然中意，当即选入宫中，服侍巾栉。兰儿素好修饰，到此越装得秀媚，蛾眉不肯让人，狐媚偏能惑主。

好像少年天子一见兰儿，便春心荡漾，不能自持。其实，咸丰即位之初，甚至直到他临死以前，他最钟爱、敬重的，首先是皇后钮祜禄氏，其次才是丽贵人和兰贵人，绝不是只钟情于会唱小曲儿、衣着入时的兰贵人。

服丧27个月后，咸丰二年二月初，风流倜傥的弱冠皇帝首先晋封在皇子时即已结为伉俪的钮祜禄氏为嫔，封号是“贞”字，在后妃等级中居第五位。紧接着，同年五月，咸丰又破格封她为贞贵妃（因中间还有妃一级）；六月，又跳一级立她为统驭中宫的皇后(时年芳龄16岁)。同时，咸丰在即位后首批秀女中亦选中了那拉氏和他他拉氏等人。那拉氏和他他拉氏初次确定的名位为贵人（在后妃等级中居第六位，其后还有答应、常在)。那拉氏于咸丰四年二月被晋升为懿嫔，同年晋升的还有丽嫔、婉嫔等。咸丰五年五月，清军剿灭北伐的太平军后，咸丰只晋升丽妃一人。到第二年三月，那拉氏生子（即后来的同治皇帝）后，才被晋封为懿妃。咸丰帝非常希望丽妃能给他生一个男孩。当时，咸丰喜欢住在咸福宫后楹的同道堂，于是就把丽妃移住在咸福宫。至今，宫中还有咸丰黄笺朱笔写的“咸丰九年月日，丽妃移住咸福宫大吉”的字条。懿妃则一直住在较远的储秀宫。咸丰当时宠爱丽妃的情形是可想而知的。

但受宠的丽妃始终没有给咸丰生一个儿子，她只生有一女，后嫁与符珍（另外玫嫔徐佳氏曾生一子，未名字而殇)。

母以子贵，于是咸丰七年以后，那拉氏的地位就比丽妃略高一筹，被封为懿贵妃。但在咸丰九年、十年，每逢宫中大宴，东边第一桌都是后宫之主钮祜禄氏，第二桌是丽妃和琪嫔；西边第一桌总是懿贵妃和婉嫔。如略去皇后，丽妃和懿贵妃很有些分庭抗礼的味道。所以，咸丰十一年除夕，即咸丰死后的第一个除夕，宫中敬事房日记簿有这样一段记载：

> 十二月十四日，小太监金环具奏年例干果盘随奉二位皇太后（按：此时那拉氏已由其子亲封为皇太后）旨：着将丽皇妃撤下不给。

一份每年照例的干果盘，竟特意传旨撤除，如果不是积蓄已久的醋意作怪，又何必这样小题大做呢？

由此可知，咸丰继位后，从始至终最钟情的还是皇后，其次是丽妃和懿妃等，而绝不是只钟情于那拉氏一人的。

皇后钮祜禄氏，生于满洲官宦人家。她得到咸丰的格外垂青，不到半年即从一个六等妃子骤升为后宫之主，不仅是由于她生得秀丽端庄，亭亭玉立，与咸丰少年便结为夫妇，更主要的是她美德出众，符合传统的封建道德标准，幽娴贞静。野史中载，孝贞皇后十分勤俭朴素，在宫里总穿布衣服。穿的鞋子都督率宫女们去做，而且每年必亲手做一双鞋子送给咸丰穿。外面进贡来的冠服、首饰，她都叫宫女们拿出去退还。她还常对妃嫔们说："臣子多一分贡献，便是百姓多一分钱财。倘若收了他们的贡献，便是暗地里教他们去做贪官，所以臣子的贡献万万收不得。"孝贞后雍容大度，举止端方，每次见皇上总是穿着礼服，所以咸丰十分敬重她，给她起了个绰号，叫"女圣人"。

这种记载，虽不无夸张之处，但孝贞皇后谦恭朴素、懿德出众却是实情。咸丰六年七月十二日是皇后二旬千秋。其时，清江南大营初溃，列强修约正急，焦头烂额的咸丰皇帝还是为她年轻的妻子举行千秋盛典，命内务府呈进如意，恭进食品，穿蟒服二日。

第二次鸦片战争爆发后，内外相煎，回天无力。咸丰开始厌闻朝政，寄情文酒，不时召御妃嫔。一日，咸丰夜醉晏朝。孝贞后闻之，立刻传唤侍寝的妃嫔厉声斥责，并传谕太监预备杖挞。咸丰退朝后，见后宫气氛不同往常，内竖肃悚，鸦雀无声，一问才知，一向慈悲为怀、从不动肝火的“女圣人”正在训斥昨夜承欢的一个妃子。咸丰不知细故，入内问此妃何罪。孝贞后见皇帝驾到，整襟跪拜，责己谏言：

> 奴德不逮，不能督率群妾，使主晏起，恐外臣有议奴者，故召此妃戒饬之，无使奴受恶名也。

咸丰知道这是皇后在讽谏自己，心所有触，但嘴上还是笑打圆场：

> 是朕贪杯，怎能怪她劝我酒。从今以后，朕少饮就是了。

孝贞后谢而起，被责之妃叩头谢恩、泪如雨下，环侍者莫不感佩。

性爱和情爱是两种不同层次的爱情，性爱之中往往缺少一种由衷的敬重和钦佩之情。这种较高层次的感情如果和情爱融合在一起，才会形成真挚而久远的爱情。

咸丰对皇后钮祜禄氏的感情更多是情爱与尊重。以美貌和柔媚取悦于年轻皇帝的丽妃，其受宠之情也许要等而下之。

咸丰病逝承德后，根据传统习惯，皇后钮祜禄氏被尊为“母后皇太后”。第二天，嗣皇帝载淳亲封其生母懿贵妃为“圣母皇太后”。当时，母后皇太后住在避暑山庄“烟波致爽”殿的东暖阁，圣母皇太后住在西暖阁，故又有“东边的太后”（即慈安东太后）和“西边的太后”（即慈禧西太后）。两宫太后共事20年（1861—1881年），两次垂帘听政：一是咸丰十一年十一月，穆宗载淳年幼，奉两太后御养心殿，垂帘听政；二是同治十三年十二月，穆宗崩，德宗即位（即光绪皇帝），时光绪年仅4岁，两宫复垂帘听政。光绪七年（1881年）三月十一日，东太后病逝于钟粹宫，时年45岁。最后加谥，略称为“孝贞慈安显皇后”。

对于慈安太后的暴卒，后人颇多疑问。

恽毓鼎所撰《崇陵传信录》一书载：

> 光绪辛巳三月十一日，孝贞太后崩。时慈禧病甚剧，慈安固健康无恙。凶信出，百官皆以为西圣也。既而，知为东后，乃大惊诧。相传两太后一日听政之暇，偶话咸丰末旧事。慈安忽语慈禧曰:“我有一事，久思为妹见之，今请妹观一物。”在箧中取卷纸出，乃显庙（按：指咸丰）手敕也。略谓叶赫氏祖制不得备椒房，今既生皇子，异日母以子贵，自不能不尊为太后，惟朕实不能深信其人。此后，如安分守法则已，否则，汝可出此诏，命廷臣传遗命除之。慈安持示慈禧，且笑曰:“吾姊妹相处久，无间言，何必留此诏乎?”立取火焚之。慈禧面发赤，虽申谢，意怏怏不自得，旋辞去。翌日，慈禧遣人以毒饼进慈安。食之，即传太医，而凤驭上升矣。

这就是所谓的咸丰帝“遗诏”和慈禧用毒饼害死慈安的一段传奇故事。其后，在此内容上添枝加叶，又编造出许许多多毫无根据的离奇故事。

有人说，清王朝的祖先在攻打叶赫部落的时候，大肆杀戮，叶赫部的男子几乎都被杀光了。叶赫部的首领在临死之前发誓说，我叶赫那拉即使只剩下一个女儿，也要复仇。所以，清皇室也世代与叶赫为仇，并定祖制：宫闱不选叶赫氏。

有人说，慈禧是天生的美人，咸丰死后耐不住煎熬，便百般想出法子来，弄了两个标致少年，在密室里快活。一天，慈禧正和一个姓金的美男子在颠鸾倒凤，曲尽绸缪，不意被东太后撞见。东太后从床后把那姓金的拉出来，命侍卫拖出去砍掉。慈禧又羞又恨，于是便和东太后结下了生死冤仇。

又有人说，慈禧为了毁灭遗诏，苦心设法。一次慈安感冒，服药无效，过数日又不药而愈。慈安诧异，忽见慈禧左臂缠帛，方知是她进参汁时，曾割臂肉同煎。慈安大为感动，于是取出先帝密谕，当面焚毁，以示报德。

更有甚者，说是大太监李莲英为讨好慈禧，将一个琉璃厂卖古董的带入大内，被慈禧留住一个多月后放出。不久，慈禧怀孕，被慈安侦之，欲行废后之礼。慈禧先下手为强，派人送去药酒。当夜，慈安猝死。如此传说，五花八门，不一而足。

其实，这些都是抱着种种目的编造出来的风月文学。

据史学家考订，在慈禧之前，清代历朝皇后、妃嫔中姓叶赫那拉氏（包括那拉氏，因叶赫、乌喇、哈达、辉发诸部及满洲其他地方均有那拉氏）的，不仅有努尔哈赤的皇后（即孝慈高皇后）、一大妃、两侧妃，而且还有皇太极以下至道光朝有据可查的12名皇后、妃嫔。咸丰自己的妃嫔中，除懿贵妃以外，璷妃、玶嫔、玉嫔也都姓叶赫那拉。可见，叶赫氏不得备椒房的祖制，完全是子虚乌有。

这样，以“世仇”为后，担心其死后闹事、于清皇室不利的所谓“遗诏”，也就不击自破了。何况，两宫并重20年，其间多少坎坷风波，慈禧揽权弊政，史信昭昭，果真有什么“遗命”，慈安何必要等到同治帝死后7年，因患一次感冒才拿出来示威？而权力欲极强又富有手段的慈禧要想除掉慈安，又如何能等待20年？

至于慈禧守寡不成，以禁城为淫乱之地、偷人生子等事，更属荒诞奇谈。且不说慈禧27岁垂帘听政（时慈安25岁）时，正是青春少妇，风华正茂，并未闻有风流韵事，到四十六七岁时反倒煎熬难忍非找白面小生不成？除非同欢者有隐身术，或西太后有定身法，否则宫门禁地，侍卫森严，还有众多侍寝的宫女和值班太监，又怎能一一躲过呢？稍读一点清代宫廷史，或看一两本曾在慈禧太后身边生活过的人所撰写（或口述）的回忆录，而不带有某种偏见的人，是不会相信那些荒诞离奇故事的。

二　西太后的传说

的确，近年来，银幕上出现的历史人物中，离史实最远的莫过于咸丰的爱妾懿贵妃了。而各种琳琅满目的出版物中，更把她描写成一个可怜、可恨、可鄙、可恶、淫狠毒辣的女人，仿佛她来到这个人世上就是专门祸国殃民的。

因慈禧的传闻逸事由来已久，不胜枚举，这里只以咸丰朝为主，简述她垂帘听政前的某些史实，以辨真伪。

据《清朝野史大观·清宫遗闻》中载，慈禧生长南中，雅善南方诸小曲，因而得到咸丰帝的宠幸，从一个在内廷供人使唤的宫女一变而为内廷主位之一的"兰贵人"。又说她：

垂髫时极好修饰。其父为正黄旗参领，因事褫职，贫乏不能自存，惟与候补知县吴棠有金兰之谊，常赖其接济。时慈禧伶俐过人，因拜吴棠为义父，欲得他一些脂粉和钗环衣履钱。因家境贫寒，少年慈禧常携菜筐子到东城某油盐后购买食物。店主甲某常以粗笨之手，戏挟其鼻，如是者习以为常。不意天生丽质难自弃，一朝选在君王侧。不数年，西后昊被选入宫，俄而垂帘听政。那油盐店之甲某，依然操货殖生涯。闻之，竟坠井而死，全家逃遁，盖恐其报复挟鼻之夙恨也。而吴棠则由知县开府四川，懿眷之隆，未有出其右者。

《崇陵传信录》一书则把少年慈禧得益于吴棠的关系，描写成：

慈禧父原任湖南副将，卒于官。姐妹归丧，甚贫，几不能办装。舟过清江浦，时县令吴棠的一位故友也刚死去不久，其友灵船恰巧停在那拉氏家灵船附近。吴棠派县里杂役携银三百两，代他去祭奠故友。谁知杂役错将银子送到了那拉氏的船上。当杂役回衙秉报时，吴棠气得大骂杂役“笨蛋”，命他立刻把银子索回。这时，身旁的幕客劝道:“闻舟中为一满洲闺秀，入京选秀女，一旦当选，前程远大。区区三百两银子如结好一贵人，说不定会对你大有好处呢!”吴棠从之，便命人抬一桌祭品，声称自己是惠征生前好友，登船祭奠。慈禧非常感动，对其妹说:“吾姐妹他日倘得志，无忘此令也。”既而，慈禧得入宫，被宠幸，生同治帝。妹亦为醇贤亲王福晋，后生光绪帝。慈禧垂帘听政，为报吴棠恩，不数年拔擢四川总督。

金梁所著的《四朝轶闻》中，更把少年慈禧写成:

其父在徽宁池太道上，因亏款被罢官，殁于途。慈禧陪母扶梓归，贫穷不堪，无以为生。北京旧俗，凡家有丧事，每雇妇女善哭者以助其哀，旧称号“丧女子”，亦曰“丧娘”。少年慈禧善歌，尤善哭，遂借此糊口，凄切动人，吊丧者大悦，北京人皆知之。

这些野史、遗闻、逸事、笔记中言之凿凿的传闻究竟是不是真的?一言以蔽之，曰:“否。”

那慈禧到底是哪里人?她的家世如何?

慈禧出身于封建官僚家庭，她的曾祖父吉郎阿是满洲镶蓝旗人，曾在嘉庆朝充任军机章京，主要从事草拟皇帝谕旨和管理文书档案等事务，后补授户部员外郎，掌管银库事务，最后调任刑部员外郎，是一个五品官员。慈禧的祖父景瑞，监生出身，先由其父吉郎阿花钱捐了一个笔帖式，后累迁至盛京刑部主事。道光元年，提升为刑部员外郎，派掌广西司印。十一年又提拔为河南司郎中，主持审核河南省的刑名案件，是一个正五品官员。道光二十三年三月，户部银库亏空 925 万余两的巨案被揭露。因查不出具体的贪污盗库人员，盛怒之下，道光帝命将嘉庆五年至道光二十三年历次派出和现任的管库司员和查库御史尽行革职外，每人按在任年月，每月罚赔银 1200 两，以弥补库银短缺之数。慈禧曾祖父在任 3 年，按已故人员减半，应赔银 21600 两。结果，慈禧祖父到期未能赔补，被革职入狱，继续追赔。后在慈禧之父惠征的多方筹措下，赔缴六成以后，被释放，官复原职，余款渐次偿清。

慈禧父亲惠征，也是監生出身，长期任笔帖式，后累迁至吏部郎中，兼工部宝源局监督。道光二十九年四月，外放任山西归绥道为正四品官；咸丰二年二月，复调任安徽宁池太广道；咸丰三年三月，在太平军的打击下，因“携带饷银印信避至镇江”而被开缺；同年六月初三，病死于镇江府，终年 49 岁。咸丰十一年十二月，慈禧垂帘听政后，将其母家抬旗，改隶满洲镶黄旗。第二年八月，追封惠征为三等承恩公，赐谥“端恪”。

慈禧的母亲出身于名门望族，其父亲惠显（即慈禧外祖父）在道光年间历任安徽按察使、驻藏大臣、工部左侍郎，并兼京营右翼总兵，最后调任归化城副都统，是地方的封疆大吏，位居二品的清朝高级官员。

大量有关慈禧家世的史料，都明白无误地告诉我们，慈禧的祖上世代为官，虽称不上达官显宦，可也算得上是一个富裕的官僚家庭。所以野史中慈禧早年丧父，贫不自存，不得不给人家做丧娘，任油盐店小店主肆意调戏，等等，完全是以惠征死前曾被开缺而穿凿附会，信口雌黄。

慈禧既然是一个养尊处优的官宦之女，那她的出生地在哪儿？

慈禧生于道光十五年十月初十日。从其父和其祖父的履历来看，二人当时都在京城任职，慈禧的母亲自然也同住在一起，而其外祖父惠显则远在山西的归化城，离京师较远。所以，慈禧的出生地当是北京无疑。从已发现的故宫档案得知，惠征等人的住所，就住在今西单辟才胡同（时称“西四牌楼劈柴胡同”）内。

咸丰元年，正是春暖花开的季节，美貌动人的兰姑娘应诏入选秀女。经过繁杂的手续和反复的挑选，直到咸丰二年二月，新即位的少年天子才正式选定他的意中人。同年二月十一日，敬事房口传谕旨：

> 贞嫔、云嫔于本年四月二十七日进内；兰贵人、丽贵人着于五月初九日进内……钦此。

道光二十九年，是慈禧父亲惠征春风得意的一年。这年二月，他被道光皇帝圈定为京察一等，并受到皇帝的接见；闰四月初，升任吏部郎中，兼工部宝源局的监督；紧接着，又外放为山西归绥道的道员。官运亨通，青云直上。咸丰元年，慈禧入宫候选秀女时，惠征尚在归绥道任上。二年二月初六日，咸丰帝下令把他调任安徽宁池太广道。这是一个鱼米之乡，事务虽较归绥道要繁重复杂，但却是个地道的肥缺。

圣旨到达之际，惠征全家正在为慈禧接受新皇帝的选美而大肆张罗着。结果，慈禧被选中，封为兰贵人，并命于五月初九日进宫。这对惠征来说，可谓是喜上加喜、锦上添花。等到送走宝贝女儿之后，他才携眷兴冲冲地赶往江南。同年七月，到芜湖，正式走马上任。此时的慈禧早已在雕梁画栋、绿荫掩映的储秀宫了。所以说，慈禧非但没有“生长南中”，而且一生中根本没有去过南方。那些野史小说中胡乱编造的江南慈禧的奇闻逸事，便纯属子虚乌有。至于刚当上咸丰皇帝的岳丈、春风得意的堂堂四品大员，又何必非要和一个小小的七品县令（咸丰元年吴棠调补清河县）去义结金兰呢？

“玉座珠帘五十春，临朝三度抱冲人。”独揽晚清大权的慈禧太后，就在这一片迷雾之中登上了历史的舞台。在她与咸丰夫妻相伴的第一幕中，诸多“宫廷秘吏”又荒诞地增加了许多离奇的色彩。

首先是那拉氏得宠的原因。许多野史小说中是这样记述的：

那拉氏年少时与父惠征在江南居住，长得妖媚慧黠，嬛艳无比，尤善唱南方小曲。咸丰初年，被选入圆明园充当宫女，编在“洞阴深处”当差，有一天，风流天子携妃嫔数人娱乐园中，忽听到有人唱南方小曲，十分悦耳。第二天复往，忽然歌声又起。咸丰遂问侍者唱吴歌者何人，回答说是兰儿。于是咸丰步入“洞阴深处”，坐在炕上，命召兰儿入见。兰儿，即那拉氏小名，宫中常以此名叫她。咸丰见那拉氏亭亭玉立，无一不韵，慧眼撩人，秀色可餐，尤其是汉女装束，深为咸丰所喜爱。由是屏退左右，特沛恩膏。兰姑娘亦输万转之柔肠，了三生之夙孽。一宵恩爱，曲尽绸缪，把咸丰帝引入彀中。第二天，即封她为贵人。从此，兰儿仗着色艺，竭力趋承，不到一两年工夫，竟由圣天子龙马精神，铸造出一个小皇帝来。

这里谬误颇多。清朝内廷宫女均来自上三旗包衣（奴仆）女子。慈禧出身满洲官宦人家，入宫之初即封为贵人，例由 4 名宫女侍奉，根本不需要躲在什么绿荫深处，靠小曲来撩逗圣上。查证史实，慈禧并不善唱南方小曲，而是酷爱京剧。昆腔、二簧，什么都会，且能编排戏词，纠正戏子曲误。至于汉女装束、得幸之途，更是信口开河、不着边际。

六宫粉黛不轻施，宫里梳妆禁入时。
昨日大堂严谕止，宽袍燕尾汉装衣。

这是清宫词中的一首《禁着汉装》诗。自乾隆以来，历朝清帝屡次严谕，入选秀女禁着汉装。咸丰即位后，于三年正月再次明谕：应选女子禁止时俗服饰，衣袖不得过六寸；宽大袍袖，汉式衣服，概不准滥行装饰。因为清代的国俗是，宫妆皆窄袖长袍，不着裙，髻梳横长式，纤腰直立，不喜婀娜。所以，《清宫词》中亦有“承恩自有如花貌，不向春风斗舞腰”之句。

另外，清代的妃嫔侍寝制度与前朝也迥然不同。它不是由帝王登门就女，而是每日晚膳时用翻绿头牌（亦称“膳牌”）的方式决定当晚由谁侍寝。届时，由太监将裸体妃嫔裹被送入皇帝寝所。所以，既不必“偷折花枝傍水行，故将红豆打黄莺”以引起皇帝的瞩目，也无须“下辇更衣入洞房，洞房侍女尽焚香”，用“铺宫”（即装饰承幸的妃子及其住所）的方式来迎接圣驾的光临。至于影视节目里描写的清代宫闱生活，或女跑男追于花前月下，或大庭广众之中卿卿我我，上演着当代时髦男女的各种恋情，只能说明编导者的历史知识实在太贫乏了。

那慈禧入宫后，其得宠的原因又是什么呢？

首先自然是如花似月的容貌了。我们今天所见的慈禧太后的照片和画像，都是在她年近七旬时的作品。古稀之人与年方二八的妙龄女子，其体态容颜、气质风韵自不可同日而语。世界上第一个为慈禧画像的美国女画家卡尔，在为69岁的老妪作画之后，写了一本书，名曰《慈禧写照记》。在这位画家的眼里，她看到了：

> 但见人丛之中，有一个非常美丽的女子，面带笑容，是个非常漂亮和善的妇女。估计年龄不过四十上下，神情很好，十分可爱。世界上传说她是一个残暴、不可理喻的老妇，现在见到她，和传说完全不同。……太后身体的各个部分，非常匀称。漂亮的面容，柔嫩的双手，苗条的身体，黑漆的头发，明

> 亮的眼睛，高高的鼻子，眉目如画，樱桃小口。下颌虽阔，但不带一丝顽强的态度。耳官平整，牙齿整齐洁白。嫣然一笑，姿态横生，精神焕发，神采照人。加以明珰满身，珠翠盈头，一副纤细庄严的态度，非笔墨所能形容。

对于古稀之年的慈禧容貌，卡尔的描述不免有阿谀夸大之处，但上溯 50 年，说妙龄慈禧如花似玉、美貌超群，也许并不过分。这在各种野史笔记和回忆录中，也都是众口一词的。

其次，是慈禧在咸丰的后宫中才华出众。如果说孝贞皇后慈安是以德见长，那孝钦后慈禧便是以才见长，属于内慧而外秀型的女子。考察光绪一朝，揽政之余，慈禧经常写字绘画。不少王公大臣的家里也都供有她赏赐的御笔，虽然真伪参半（有些字画是宫廷画工代笔），但慈禧的才华亦是时人赞不绝口的。尤其是晚清时期，政治险恶，内外相逼，她能够“披览章疏，日以数百，某折某事，洞晰无遗”，并在半个世纪之中大权在手，从不旁落，直到临死的前一日仍亲自料理光绪的后事，召见军机大臣，筹议给太皇太后和皇太后上尊号的庆典活动，制定监国摄政王（即溥仪之父载沣）授职之礼，引经据典，丝毫不乱。她的政治才能是不容忽视的。而她的这些长处，早在咸丰时代即已露出端倪。入宫以后，美貌聪慧的慈禧时常在咸丰批阅奏章之时侍候左右。其后军务倥偬，折件极繁，她又协助清检封事、代为分类。及咸丰晚年，懒于理政，她更进一步代阅奏章、参与机要了。咸丰众多妃嫔，他唯独选中慈禧协理政务，说明二人在政治上是有一定的共同语言的。并且，咸丰亦酷爱京剧，擅长绘画、书法，与慈禧爱好相近，气味相投。才貌双全的慈禧被风流天子所喜爱，亦是在情理之中了。

最后，慈禧为咸丰生了唯一的一个儿子。咸丰四年二月，慈禧由兰贵人晋封为懿嫔；六年三月，22 岁的慈禧在储秀宫生下载淳。总管太监韩来玉奏报："懿嫔母子脉息均安，万岁爷大喜！"已即位 7 年、大婚近 10 年的咸丰帝，不禁喜出望外，当即朱笔亲封慈禧为懿妃。并升香告祖，作七律以志吉庆：

敬感天麻祖考仁，佳音储秀报麟振。
恩深德厚衷常慕，奕启载祥定名淳。
庶慰在天六年望，更欣率土万斯人。
升香安佑昭慈佑，沉痛难胜永忆亲。

在为忧外患的煎熬中，咸丰终于有这么一个可以告慰先人的喜讯，其得意欣喜之情溢于言表。爱子怜母，他对慈禧的宠爱也就更进了一层。六年十二月，内务府为懿妃举办册封仪事。七年正月，慈禧又被晋封为懿贵妃，成为后宫主位中仅次于皇后钮祜禄氏的妃子。

世人对咸丰帝的宠后与爱妃，或多或少都有所了解，但咸丰的生母是谁，她是怎样的一位母亲，她为什么走得那么早，也许读者并不十分清楚。

三　孝全皇后猝死之迷

一直在喜悦中的咸丰帝，异常关心他的皇长子。喜三这天，皇室上下喜气洋洋，忙忙碌碌，每个人都送给小皇子一份礼物，谓之“添盆”。做爸爸的咸丰更是格外高兴，赏给儿子一件红雕漆盒，内盛金洋钱四个、金宝一分、银宝一分，盼望他的宝贝儿子能快快成长。喜三之后，接着又是升摇车、做满月、百禄（即百日）之喜等一系列喜庆活动。儿子还不到半岁，咸丰便兴冲冲地率领着懿妃等人抱着，到湛静斋孝全成皇后的御容前行礼，想让他的生母看一看这可爱的孩子。

九月的圆明园，天高云淡，金风送爽。湛静斋外墨柏森森，殿内阴凉肃穆。透过袅袅的青烟，孝全皇后的画像愈加显得美丽端庄，栩栩如生。望着慈母的容颜，想到才貌双全的母亲竟然走得那么早，连她的亲孙儿也未曾看上一眼，咸丰不禁喜尽悲来。

> 初携幼子谒慈颜，沉痛难胜涕泪潸。
> 永荷仁恩昭鉴佑，慕思长此达桥山。

哪一个儿子不爱自己的母亲，儿时的记忆又浮现在咸丰的眼前……

咸丰帝的生母钮祜禄氏，是乾清门二等侍卫颐龄的女儿，生于嘉庆十三年二月。道光初年入宫，赐号“全嫔”。道光三年十二月，晋封为全妃。五年四月，晋为全贵妃。道光十一年六月初九日，在圆明园的湛静斋（后改称“基福堂”）生皇四子奕詝（即后来的咸丰）。道光的皇长子奕纬死于奕詝出生的前两个月，时年 23 岁。皇二子奕纲、皇三子奕继在两三岁时便相继死去，年近半百的道光帝十分悲痛。奕詝的降生，使道光帝极为高兴。奕詝备受宠爱，这不仅因他实际上处于皇长子的地位，还因他的生母钮祜禄氏又是道光帝最钟爱的妃子。钮祜禄氏幼时曾随父生活在水乡苏州，温柔清秀且明慧绝时。她曾仿照民间所谓七巧板者，斫木片若干方，排成“六合同春”四字，作为宫中新年的玩具。后来传到宫外，深为民间所喜爱。《清宫词》中，有人曾咏她“蕙质兰心并世无，垂髫曾记住姑苏。谱成六合同春字，绝胜璇玑织锦图”。所以，她入宫后独蒙帝眷，连连晋升。道光十三年四月，孝慎成皇后佟佳氏病故。八月，奕詝生母又晋升皇贵妃，代皇后管理后宫事。第二年十月，正位中宫，并追封其父颐龄为一等承恩侯，谥“荣禧”。后来奕詝能被立为皇太子，与其母深得道光宠爱有很大的关系。

孝全皇后也十分钟爱她唯一的孩子，关怀备至，体贴入微。后来咸丰回忆他儿时的生活，“自幼亲承渥眷，朝夕常依膝下”。他 9 岁那年，一次偶患寒疾，孝全后每天到钟粹宫看视他。一连几天不愈，母亲昼不思饭，夜不安枕，抱着年幼的咸丰“声与泪俱”。

孩提依依，母子情深。天有不测风云，道光二十年正月，33 岁的孝全皇后突然故去。她死时，咸丰尚不满 10 岁，暂由皇六子奕䜣的生母静贵妃博尔济吉特氏抚养。年轻貌美的母亲为什么突然离去了呢？幼小的咸丰百思不得其解。

直到今天，孝全皇后的死也仍然是个谜。

有一则史料记载说，道光皇帝最喜爱皇六子奕䜣，欲立为皇太子。孝全后得此消息，便欲毒杀诸子。一天，她备好酒筵召诸皇子聚餐，把毒放在鱼中，叮嘱咸丰勿食。结果咸丰颇友爱，悄悄告诫诸弟不要食此鱼，诸弟得不死。后来事情败露，道光继母孝和太后大怒，立命赐死。孝全后徘徊不忍自裁，太后命在宫门悬挂白幛，集宫人昼夜哭之。咸丰母乃投缳死。

又有《清宫词》记孝全后暴崩：

> 如意多因少小怜，蚁杯鸩毒兆当筵。
> 温成贵宠伤盘水，天语亲褒有孝全。

原注云："孝全皇后由皇贵妃摄六宫事，旋正中宫，数年暴崩，事多隐秘。其时孝和太后尚在，家法森严，宣宗亦不敢违命也，故特谥之曰'全'。宣宗既痛孝全之逝，遂不立他妃嫔之子而立文宗(按：咸丰)，以其为孝全所出，且于诸子中年龄较长。"

这两则史料均说明孝全皇后的骤死与道光继母孝和太后有关，孝和太后之所以逼死孝全后又都与鸩毒案有关。孝全后死于非命，史家并无疑义，但其死因究竟是什么，真是因为奕詝和奕䜣之间的储位之争而演出的幼年丧母的悲剧吗？试分析之。

孝全皇后死时，奕詝年方 9 岁，奕䜣时年 7 岁，还在混沌初萌的孩提时代。当时道光帝 58 岁，龙体康健，尚未步入老年。清朝的建储制度是立贤不立长，从情理上分析，此时四子奕詝、五子奕谅（比奕詝仅小 6 天，其他七、八、九子尚未出生）、六子奕䜣都还年幼，群童嫩稚一时难分高下，道光建储的最佳时刻并没有到来。他最终选定接班人的时候，是道光二十六年六月，时奕詝已 16 岁，奕䜣 14 岁，奕谅于同年过继给他三弟惇亲王绵恺为嗣。所以，在孝全皇后死前，不会因争立皇子而闹到图穷匕首见的地步。又孝全死后，道光将奕詝交给奕䜣生母静皇贵妃抚养，史载:“贵妃舍其子而乳（抚育）文宗，故文宗与奕䜣如亲兄弟。”从咸丰对待静皇贵妃自始至终像待自己的生母一样的爱戴她的史实来看，也不会有闹到不可开交的储位之争。所以，孝全皇后因欲毒害诸皇子而获咎的传闻，是没有什么根据的。

又有史家猜测，孝全后的暴崩是因其才貌袭人导致婆媳的不和，或有某些干政的举动而引起太后的斥责，羞惧之下服毒而亡。

时逢孝和太后的六旬万寿，孝子道光帝命礼部恭稽祝典，格外隆重。大庆这一天，道光帝率王公大臣诣寿康宫行庆贺礼，孝全后亦率六宫妃嫔到太后前祝嘏。道光见太后身体健康，十分喜悦，便亲制皇太后六旬寿颂十章。皇后向来冰雪聪明，才思敏捷，于是也恭和御诗十章，献上太后。道光帝虽然非常高兴，但皇太后却别寓深衷，当时不露声色，事后与道光帝点破，晔以“妇女以德为重，德厚乃能载福，若仗着一点才艺，恐非福相”。后来，这话传到皇后耳中，心中不快，不免与太后有了三分介蒂，言谈举止之中不免有所流露。孝和太后是个持家有法、礼教极严的妇人，见皇后有所不孝，如何能忍受，有时当面训斥，或责备道光不善教化。同时，后宫嫔监又在旁拨弄是非，摇唇鼓舌，无风尚是生浪，况又是婆媳不和呢！蹉跎数载，流言蜚语布满宫阃内外，婆媳矛盾有增无减。道光十九年腊月，皇后偶患寒热，皇太后亲自临视，详问病情。第二年元旦，皇后病愈，起至太后前叩头贺喜。过了两天，孝和太后特派太监赐皇后一瓶旨酒。皇后谢恩酌饮，当夜崩逝。

这段传说道出了孝全之死是由于婆媳不和、太后赐毒酒导致的。

另外，前引《清宫词》中“温成贵宠伤盘水，天语亲褒有孝全”之句，兼用的是宋仁宗张妃怙宠及庆历八年（1048年）近侍作乱纵火、曹后率宫人救火擒贼的典故。史载：宋代皇帝赵桢的宠妃张氏，借宠干政，曾为其伯父尧佐乞官。有的史家以此认为，孝全正位中宫后，恭俭柔嘉，颇得道光帝宠爱，也时常通过内监与闻外事。道光继母孝和太后秉性严毅，不容后妃乱政以坏家法，因此深加责备。咸丰母便因羞惧而服毒自尽。

这又是一种死因，即违反祖制、太后责备而羞愧致死。

年幼的咸丰对母亲的死也许一无所知，但他对母亲的爱却如山高似海深。咸丰三年，他在曾与母亲朝夕相处的钟粹宫写下了这样的两首诗：

居此幼龄十七年，承恩御宇恨终天。
回思已岁尤堪痛，一度思亲涕泪涟。

昔是承恩予旧地，今为基福后之宫。

髫年景况依然在，惟敬惟勤慎始终。

咸丰于道光十一年六月初九生于圆明园湛静斋，还宫后一直随母亲居住钟粹宫。所以他在另一首怀念母亲的诗（《圆明园基福堂述志》）中，又有“御园钟粹两颜楣，生我劬劳念在兹”之句。“回思已岁尤堪痛”，即指他9岁那年冬天（己亥冬即道光十九年）曾生一场大病，母亲对他的照料无微不至。殊料，母爱温馨不长，孝全皇后第二年正月便撒手西归。

为了表达孝子之心，以寄怀念之情，咸丰即位以后不仅命太监、喇嘛在每年孝全皇后的诞辰和忌日于钟粹宫前殿唪经，以超度亡灵，而且写了很多感情至深的诗句，留传至今。

四　手足参商

在咸丰帝的亲属中，人们议论最多的，除了慈禧皇太后之外，恐怕就要属恭亲王奕䜣了。由于奕䜣在晚清政坛上有“纯臣之度”、“贤王之称”，所以兄弟二人之间的瓜葛，添上康慈皇贵太妃，便形成一连串扑朔迷离的故事。

在北京什刹海的西岸，有一座举世闻名的王府，绿色的琉璃瓦宫门，富丽堂皇。进入府门内，迎面是形制崇丽的银安殿，庭院开阔，屋宇宏深。穿过二府门，正北是五间神殿，两旁有东西配殿，院内东面高耸着祭祖的神杆。神殿后面，是气势雄伟的遗念殿（通称后楼），高二层，东西宽160余米，号称99间半，以木假山做楼梯，为世间罕见之物。整个府邸分中东西三路，连同花园与正殿有房间3000余间。东路建筑是明代风格，厅前有一架长了200余年的藤萝，枝繁叶茂，如蓬如盖；西路则正房为锡晋斋，院宇宏大，廊庑周接，气势非凡。西路有仿照紫禁城宁寿宫建造的楠木房屋，洞房曲户，回环四合，极为精妙。院内两株珍贵的西府海棠，至今已有300岁。

后楼的北面，是一座精美幽静的大花园。花园的前部是怪石嶙峋的假山，古井、流杯亭、飞来峰、翠云岭等景疏落有致。后部又有一以太湖石筑成的假山，分三层：底层空道，正中竖有康熙御笔“福”字碑；中层有两只硕大的荷花缸（夏末秋初，荷花盛开，荷叶浮珠，蔚为奇观）；顶层建有秀阁，阁前有一平台，是赏月观景的好地方。假山前有一池碧水，引自外河，水声嶲然，游鱼可数。园子的东院用矮墙围绕，花木葱茏，廊空室静，十分淡雅。以假山作屏的“福厅”，三间抱厦向外突出，从朝至暮都能采到灿烂的阳光，其建筑形式真是非同凡响。

这座名冠京都的王府，原是乾隆爱女固伦和孝公主与额驸丰绅殷德和宠臣和珅的两所住宅。和珅失宠后，嘉庆帝把这座宅第的前所赐给了他的弟弟僖亲王永璘。咸丰继位以后，感念手足之情，封六弟奕䜣为恭亲王（其他诸弟均封为郡王），并把京城这两所宅第都赐给了他（和孝公主道光三年卒）。奕䜣得到这所豪华的宅第之后，又锦上添花，多有修饰，成为显赫一时的恭王府。

在诸弟当中，咸丰最看重的就是他的六弟奕䜣，这不仅是因为先帝的遗诏，还与抚育过他的康慈皇贵太妃有很大关系。咸丰生母死后，他一直由奕䜣的母亲照顾。兄弟二人年龄相仿，朝夕相处，如同亲兄弟一般。从小在一起长大，咸丰也深知奕䜣的秉性，才华出众而谦逊不足，争强好胜而不喜礼让。所以，咸丰即位后，先在其王爵上加了一个“恭”字，希望他不要自以为是，还要对我这个做皇帝的哥哥恭谨服从才好。第二年，咸丰又将原庆郡王奕綵的春和园赐予奕䜣，并御书园额曰“朗润”。咸丰唯恐他春风得意，不知让人，又送诗一首，以示告诫：

> 名园朗润近圆明，赐额心同弟与兄。
> 孝弟立身先务本，慰予厚望勖公平。

《论语》曰：“孝弟也者，其为仁之本与？”咸丰以古训相勉，他多么希望才华横溢的六弟能够像儿时那样，与他共赴时艰，一同撑起这即将颓倒的大厦。

诗成之后，咸丰收笔凝思，往日的情景又一幕幕浮现他的眼前。

他想起儿时，每日天尚未明便睡眼惺忪地爬起，金翠纱灯后，由内监导引，和六弟一起到上书房读书的情景。

他想起少年时代，每年春蒐之典，他同奕䜣勒马戎装陪同皇父西苑狩猎的乐趣。

他想起道光二十八年清明时节，皇父带着他俩在恭谒诸陵时的谆谆教诲。

最让他难忘的是他 14 岁那年秋天，他与奕䜣同在书房，肄习武事，共制枪法二十八式、刀法十八式，演给皇父。结果龙颜大悦，亲赐以名，枪曰“棣华协力”，刀曰“宝锷宣威”。一晃6年过去了，青灯有味，儿时不再。当时所讲肄者，不过练艺习劳以博慈颜愉悦，而今想起，感慨万端，不知今日六弟能否像儿时一样，与朕交劝交儆、同心协力啊！

想到这，咸丰意识到今虽君臣，情原一体，古训言兄恭弟悌，做哥哥的还应该先走一步，多给弟弟点抚慰和信任。于是他传旨内务府，准备陪皇贵太妃幸恭亲王府第侍膳。

史载，道光帝晚年，在两个爱子奕詝与奕䜣之间，究竟立谁为皇储，颇费踌躇。兄弟二人甚至包括各自的生母和师傅之间，暗地里产生了储位之争，而奕詝之所以得位，实属偶然，颇有巧取之嫌。如《国史旧闻》等书中载：

> 道光晚年最钟爱奕䜣，欲将大业付之，金盒缄名时几次要写恭王的名字，但以奕詝贤且居长，故逡巡未决。杜文正（按：即杜受田）时在上书房行走，适授奕詝读书，微窥上意所在，欲拥戴奕詝以建非常之勋。一日，上命诸皇子校猎南苑，文正耳语之曰："阿哥至围场中，但坐观他人驰射，万勿发一枪一矢，并当约束从人不得捕一生物。复命时，上若问及，但对以‘时方春和，鸟兽字育，不忍伤生命以干天和，且不欲以弓马一日之长，与诸弟相争也’。"奕詝至围所，如所嘱行之。是日，恭王所得禽兽最多，方顾盼自喜，而奕詝则默坐一旁，从者亦均垂手侍立。上怪而问之，具以文正所教对。道光

大喜曰:“是真有君人之度也。”立储之意遂决。

另外，《清朝野史大观》中也有这样的记载：

> 道光季年，宣宗（按：道光帝庙号宣宗）衰病。一日，召二皇子入对，将借以决定储位。二皇子各请命于其师，卓（按：秉恬）教恭王，以上如有所垂询，当知无不言，言无不尽。杜（按：受田）则谓咸丰帝曰:“阿哥如条陈时政，知识万不敌六爷，惟有一策。皇上若自言老病，将不久于此位，阿哥惟伏地流涕，以表孺慕之诚而已。”（按：咸丰）如其言。帝大悦，谓皇四子仁孝，储位遂定。

从上述记载可以看出，奕订和奕䜣两人的储位之争，在背后有各自的师傅在运筹帷幄，彼此斗智。奕订的成功似乎就是他接受了杜受田的教诲，一再以慈孝仁爱的方式表现自己，最终赢得了储位。对奕䜣来说，这实在是一种不幸。

有些人更进而断言：就性格与才具而言，奕䜣在哪一方面都比奕订强得多。奕䜣在清末有“贤王”之称，不但才具秀拔，而且思想明敏，勤于国事。奕订做了皇帝后，在内外交迫之中变得消极颓废，沉湎酒色。最后，终因酒色戕身，只活了31岁就短命而死，把一片残破的江山丢给了儿子载淳，徒然为野心勃勃的慈禧制造了窃柄弄权的机会。于是，历史便形成了一种简单的公式：由于道光误立奕订为皇太子，导致晚清走向积弱腐败；又由于奕订与奕䜣兄弟不和，结果谗言以入，使慈禧一个浅薄无识的妇人获得了独揽大权的机会，最终断送了大清王朝。

其实，历史绝不是这样简单。

道光一朝，清代康乾盛世的光环已消失殆尽。处于衰世之中的道光皇帝，是一个地地道道的守成皇帝。他文武兼备，忠孝两全，远离声色，力行节俭，堪称封建帝王的楷模。他所处的历史环境和他本人的处世哲学，也就决定了他的立储观，必然是以封建社会的传统道德为基准，为维持大清王朝的长治久安，选择一个敬天法祖、仁孝两全的接班人。

在兄弟二人之间，毫无疑问，弟弟奕䜣是个聪颖过人、才华出众的王爷，而且这种才具和气质从小便崭露头角。这正是道光帝钟爱不已，已致破例在遗嘱中立其为亲王的主要原因。但奕詝的才华并不亚于其弟，清人林熙春在《国朝掌故辑要》一书中，曾对咸丰有这样的评价：

> 上诞膺天命，四方多事，旰食宵衣。每日披览章奏，引对臣工，指示周详。军兴以来，所授机宜，无不惬当。建元之初，诏免天下钱粮千有余万。岁一不稔，蠲租缓征，无不如疆吏之请。被“贼”之区，恩施尤渥。命儒臣缮写《朱子全书》及《贞观政要》，朝夕讲求。几余洒翰，或述志以示廷臣，或手诏以褒直谏，莫非夙夜缉熙所见端也。进退臣工，明而善断。正位之初，即颁手诏正穆彰阿、耆英之罪，遍谕臣僚，改平素因循取巧之习。饬内外大臣保举人才，不拘资格，一秉大

> 公。是故兵不足而兼勇，漕不继而改海运，饷不足而更制大钱。改口岸以整鹾纲，输米石以实仓庾，裁河员之冗浮，减京饷之成数。凡此新章之改革，无不与时为推迁。

咸丰在即位前期所表现出来的干济果断之才，史家多有褒之。其即位之初，天下骎骎有小尧舜之称。加上他的文采和书法、绘画特长，说有清一代，咸丰也是一个有才华的皇帝，恐怕并不为过。

如果从人品方面来考察，以封建道德的标准而论，哥哥奕詝则远胜于弟弟奕䜣。

前文所引述的校猎南苑和道光召对二皇子的故事，如果确有其事的话，当在奕詝 14 岁左右（因其 15 岁时道光已建储，而其能带领从人狩猎，道光衰病之年其年龄更不能太小）。十四五岁的皇子已有主见，不可能事事靠师傅指点而行。与其说各自的师傅在背后运筹帷幄，不如说两个皇子天生的秉性和各自的处事方法截然不同，其中有师傅的教诲和影响罢了。

1987 年，奕䜣的曾孙爱新觉罗·毓峘和毓嶦先生曾讲到他们家相传的一条口碑故事：道光晚年，在奕詝和奕䜣之间，究竟选定哪一个人为皇储，确实费了一番心思。为了考察他俩的品行，一天，道光帝拿出两个盒子，一个木制的，一个金做的，让兄弟二人挑选。奕詝让弟弟奕䜣先挑，奕䜣则毫不谦让地立刻把金盒子抓在手里。从这件小事里，道光帝感到，四子奕詝仁义憨厚，六子奕䜣固然有些聪明，人品却不如其兄，于是便决意传位于奕詝。毓峘先生还讲道，其父溥德后来还见到过当时这个金盒子。联想到奕詝即位后，对道光皇帝、生母孝全皇后以及养母康慈皇太妃的一片赤子之情，道光帝称赞其“四子仁孝”，当是确实无疑。并且，其生母孝全后亦是道光最宠爱的皇后（其死后10年，道光帝再未立后）。道光帝决定传位给奕詝，并在临死前颤颤巍巍地把御用冠服和朝珠为奕詝戴上，将江山社稷托付给他，其中势所必然，根本不存在什么取巧的问题。

咸丰即位以后，非常偏爱和重用他的六弟奕䜣。许多祭礼大典，都遣恭亲王代行。太平天国建都南京后，北伐军师行间道，直指燕京。在大搏斗的生死关头，咸丰帝更加倚任奕䜣。咸丰三年九月，就在授命惠亲王绵愉为奉命大将军、科尔沁郡王僧格林沁为参赞大臣的第二天，添派恭亲王奕䜣办理京畿巡防事宜，并命他署正白旗领侍卫内大臣。

领侍卫内大臣设于清初，是从皇帝亲自统帅的上三旗中选骁勇者为侍卫，以担任“随侍宿卫”的任务，例由勋戚大臣担任，名叫“领侍卫内大臣”，官阶为正一品。同年十月，咸丰先是恩准奕䜣佩带“非特赏不能用”的金桃皮鞘白虹刀，然后又命他在军机大臣上行走。

军机处为清代“天下政务之总汇”。清制，亲王不能任军机大臣，“恐其恃宠而骄，同列仰其鼻息，渐开专擅之端，用意至为深远”。所以，自雍正朝设立军机处以来，亲王入军机处行走的只有嘉庆时的成亲王永瑆，但不久即因与定制不符而退出。此时，咸丰竟打破“祖制”，命奕䜣在军机处行走，一方面是形势所迫，北伐的太平军逼进北京；另一方面是希望兄弟二人棣华协力，重整大清江山。与奕䜣同时进入军机处的还有内阁学士左侍郎穆荫、户部右侍郎瑞璘、工部左侍郎杜翰等一批锐意进取的少壮派官僚。

风华正茂的奕䜣以亲王身份成为清王朝最高统治集团的主要成员，这一年，他仅仅20岁。第二年，他又先后被咸丰授予宗人府右宗正、宗令、正黄旗满洲都统、阅兵大臣，并因剿灭北伐军有功，特赏皇帝阅兵时所系的黄丝编织带，交宗人府从优议叙。真可谓皇恩浩荡，少年得志。

但骤膺大任的恭亲王自觉先皇厚爱，才过其兄，又有生母康慈皇贵妃为后宫之崇，所以内心并没有把已做了皇帝的哥哥放在眼里。剿灭北伐太平军后，恃才傲物的奕䜣更把持盈保泰、孝悌为本的封建哲学弃之脑后，这在御前承旨、举止言谈之中多有流露。结果，引起咸丰帝的不快。兄弟二人间的嫌隙越来越大，最终在奕䜣生母的封号和丧仪上爆发出来。

咸丰对她的养母静皇贵妃是十分孝敬的，即位之初便尊封她为康慈皇贵太妃，并经常到她的寝宫——寿康宫去问候她，与她同桌进膳，像敬自己的亲生母亲一般。如咸丰元年八月，咸丰到延寿堂侍康慈皇太妃膳并作诗四首，命人在慈宁宫花园的咸若馆、宝相楼、吉云楼和延寿堂等处礼佛，以祈祷太妃长寿、岁岁欢愉。

其中一首云：

大宝亲承敢不钦，谆谆慈训警臣心。
身蒙抚育十年矣，何幸今朝恩倍深。

可是，康慈皇贵太妃自持自己抚养咸丰有功，一心想得一个皇太后的封号。恭亲王奕䜣也想通过自己母亲尊为当朝皇太后来进一步提高自己的政治地位。然而，这正是乾纲独断的封建帝王最忌讳的事情。所以，咸丰尊敬是尊敬，但迟迟没有尊康慈皇太妃为皇太后。这一来是皇权不宜平添掣肘，二来祖制也从没有这样的先例。先帝死后，嗣皇帝尊封自己的生母为皇太后，这在咸丰以前是屡见不鲜的，而先帝的其他妃嫔，包括抚养嗣皇帝的皇贵妃在内，却从没有被尊为皇太后的。

咸丰帝与恭亲王兄弟失和一事，时人王闿运《祺祥故事》中记述较详，其原委大略是这样的：

> 咸丰即位之日，册静皇贵妃为康慈皇贵太妃，而奕䜣不满，频以宜尊号太后为言，但咸丰默然不应。会太妃有疾，王日省视，帝亦省视。一日，太妃寝未觉，咸丰前去问安。宫女欲告，咸丰摇手令勿惊。妃见床前影，以为是恭王，即问曰："汝何尚在此？我所有，尽与汝矣。他性情不易知，勿生嫌疑也。"帝知其误，即呼额娘。太妃觉焉，回首一视，仍向内卧不言。自此始有猜，而王不知也。又一日，上问安入，遇恭王自内而出。上问病如何，王跪泣言："已笃，意待封号以瞑。"上但曰："哦，哦。"奕䜣至军机，遂传旨令册礼。所司以礼请，咸丰不肯却奏，依而上尊号，遂愠王。令出军机，入上书房，而减杀太后丧仪，皆称遗诏减损之。自此远王，同诸王矣。

由此记载可知，兄弟猜嫌不和，实起自康慈太妃偏爱亲生子奕䜣，临死前欲得太后封号。奕䜣跪泣代请，咸丰仓促之间不置可否，只随口回应“哦，哦”两声。恭王竟不待亲允，借机假传圣旨，命礼部具奏请礼，最终挟制咸丰允准。

另外，《清宫词》注释中，对咸丰帝看望太妃所引起的误会是这样描述的：

> 康慈太妃病重，咸丰亲诣省视。太妃神智已昏，执咸丰手涕泣而语之曰：“当年阿玛（满语，指父亲）实欲传位于尔，不意为四阿哥得之，吾今日特以告尔。”盖误以侍立者为恭亲王奕䜣，不知是咸丰也。

根据《清文宗实录》来看，咸丰帝尊康慈皇贵太妃为康慈皇太后是在咸丰五年七月一日，并亲至寿康宫行礼。第二天，又到寿康宫问皇太后安。说明尊上皇太后封号时，康慈太妃已染病在身。奕䜣借母病迫使咸丰有此一举，当属史实。但皇太后圣躬不豫是在七月七日，咸丰上午、下午接连探视。七月九日，咸丰又到寿康宫问安。后疾大渐时，再到爱春华问侍。巳刻，康慈太后崩。据此可知，康慈皇太后封号并不是其病笃弥留之际所上，而咸丰减杀太后丧仪又有他自己的道理。

咸丰虽然尊敬康慈皇太妃如同自己的生母，但死前尊封皇太后却不是他的本意，所以在持服如制的同时，决定大行皇太后不升祔太庙，谨升祔奉先殿。咸丰认为：“朕蒙大行皇太后抚育深恩十有五载，是以崇上尊号，稍展孝思。但升祔太庙，大典攸关，列圣相承，具有定制，故不敢以一己之感恩，致违大行皇太后谦冲之盛德。将来奉安山陵，礼成后恭奉神牌黄舆还京，敬谨升祔奉先殿，以伸永慕。”而慕陵妃园寝，已为皇考钦定位次，康慈皇太后作为皇贵妃也在其中，“自应恪守成礼，借安慈驭。将来大行皇太后奉安，即以慕陵妃园寝做为山陵，惟宝城之后，必须筑墙一道，以崇体制”。如此，宝城内葬康慈皇太后，宝城外葬其他妃嫔。园寝内的绿琉璃瓦顶改为黄色琉璃瓦，陵前加盖神橱库，恭定为“慕东陵”。同时，咸丰还认为尊号为后而不系帝谥（此即不加宣宗成皇帝的“成”字，以区别于其他皇后），不祔祖庙，不仅明代宪宗以后屡屡行之，而太祖高皇帝（即努尔哈赤）三后亦只有孝慈高皇后配祔太庙，谥号称“高”，其他二后均“别殿奉祀，称号宜殊，此非惟前代之旧章，实本我朝之定制。朕何敢以尽孝之私，致渝定礼’。

当皇帝的哥哥有皇帝的道理，但当恭亲王的弟弟也有他的委曲。

当初先父15岁丧母，也是由孝和太后抚养。道光二十九年十二月，孝和皇太后死时，也遗诰皇考“持服二十七日而除”，而皇考以“心实所难安”为由，坚持穿孝百日，把老太后的丧仪办得十分隆重。况皇考以年近七旬（时年道光68岁）的高龄，仍坚持在停放太后梓宫的绮春园苫次居住，并决定奉安山陵时亲送梓宫至昌陵，礼毕回銮，而你年轻力壮的咸丰却左一个祖制、遗命，右一个诸王大臣所请，处处减损太后丧仪，究竟居心何在？

悲痛气愤之中，年轻气盛的奕䜣自然又忘掉了头上的“恭”

字，所以难免不与咸丰发生龃龉。乾纲独断的年代，同样年轻气盛的皇帝自然更不肯默然置之。七月二十一日，皇太后梓宫奉安绮春园迎晖殿后，咸丰帝愤然发布上谕：

> 恭亲王奕䜣，于一切礼仪，多有疏略之处，着勿庸在军机大臣上行走。宗人府宗令，正黄旗满洲都统，均着开卸。并勿庸管理丧仪事务，管理三库事务。仍在内庭行走，上书房读书，管理中正殿等处事务。俾自知敬慎，勿再蹈愆尤，以副朕成全之至意。

从此，咸丰与奕䜣感情破裂，手足参商，为后来清廷最高统治集团的斗争埋下了隐患。

“守成至道惟法祖，图治良规在任贤”（咸丰养心殿述志诗），咸丰与道光帝一样，也是一个敬天法祖、遵循旧制的守成皇帝。他在康慈皇太后的丧仪上虽有减损之处，但也有典籍可寻，并不失尊。他对康慈太后的爱戴之情，可以说是自始至终的。有些书中讲，咸丰借丧仪大做文章，是发泄他对康慈太后在储位之争中偏袒和支持奕䜣的积愤。其实，兄弟二人的储位之争并没有发展到像某些野史中所渲染的那样机关算尽、你死我活的程度。果真是那样，咸丰执政前期绝不会破格重用奕䜣，更不会在康慈病逝后写下许多真挚感人的怀念诗篇。

其中，礼简太后丧仪的苦衷，他是这样抒怀的：

自今无复问安事，长此空余雪涕涟。
尽礼尽哀因示度，那堪更忆我生前。

原庙非宗庙，义宜亦礼宜。
执中守成宪，妥侑慰深思。

长此羹墙慕，永怀考妣慈。
纪恩兼示度，敢谓一人私。

在康慈太后病逝周年的纪念中，咸丰更把对养母的怀念融汇在对他亲生父母的真挚情感中：

七月九日感述

去年丹禁攀号恸，今日生香已一年。
往事久曾悲怙恃，新愁又是幻云烟。
怆逢浃岁亲颜暌，缅忆双庚我虑煎。
积雨初消西望远，当头秋月尚知圆。

第四章　天心无奈

一　惩戒因循莫用宽

惩戒因循莫用宽，岂无善法得人难。
任他披露终招谎，且自模棱忍素餐。
念重一身原甚易，心扪五夜果皆安。
听予濡泪挥毫什，返尔良知尽效丹。

这是咸丰五年咸丰帝用以替代朱谕的一首《开诚痛戒因循诗》。历史上，每个明智的封建帝王都懂得贪官酷吏是自毁长城的最大蠹虫，所以他们不断提出兴利除弊、整顿吏治的各种措施，以维护封建国家的久安长治。

咸丰继位后，对政治败坏、民生穷蹙、凡事一经官手就百弊丛生的状况十分痛恨，为整顿朝纲、振兴祖业，他屡谕天下臣工“上以实求，下以实应，破除积习，痛惩其弊，务始吏治蒸蒸日上”。惩办穆彰阿、耆英之后，他告诫天下说：“嗣后京内外大小文武各宫，务当激发天良，公忠体国，俾平素因循取巧之积习，一旦悚然改悔，毋畏难，毋苟安！”但文武百官对这道煌煌上谕却都视而不见，依旧因循不振，只念禄位，不问国事。太平天国攻克武昌后，咸丰深感辜负了皇考重托，故一面下诏罪己，一面再训臣工力戒因循：“自今日始，仍有不改积习，置此谕于不顾者，朕必执法从严惩办，断不姑容。”并提出了“以猛济宽”“贵严不贵宽”的治国思想。

所谓“猛以济宽”，就是要通过严刑峻法来整肃朝纲。因为咸丰深知“以言感人，其感甚浅”，只有用重典以治乱世，才能够改变朝廷上下因循泄沓的局面。要推行这一套从严治国的方针，就不能拘于成法，依靠那些因循守旧的前朝老臣。“昕夕时渴望，渴望在得人”，这是咸丰发自内心的独白。为了聚集一批重振朝纲的力量，咸丰不顾某些大臣的反对，坚决提拔一些资历较浅、年富力强的官员。

如满洲正白旗人穆荫，在道光时由官学生考授内阁中书，充任军机章京。咸丰元年，咸丰帝先命穆荫以五品京堂候补，在军机大臣上学习行走，后又任穆荫为国子监祭酒。有人以惯例非科甲出身者不能担任此职为由，奏请咸丰用人宜慎。咸丰驳斥说：“破格施恩，乃振兴之权。”并特发谕旨一道，仍然以穆荫为国子监祭酒。其后，穆荫历任光禄寺卿、内阁学士、礼部侍郎、署左翼总兵、理藩院尚书、兵部尚书、军机大臣等要职。咸丰帝师杜受田的长子杜翰由翰林院检讨晋升为工部左侍郎，咸丰三年十月入直军机，办理京城巡防事宜。杜翰勇于任事，深为咸丰所倚重。其他如军机大臣焦祐瀛、吏部左侍郎匡源等，亦均得到咸丰的赏识而越级升迁。

咸丰最赏识和信任的大臣是宗室肃顺。肃顺是清太祖努尔哈赤之父显祖塔克世的直系子孙，第一代郑亲王济尔哈朗的第七世孙，郑亲王端华的异母兄弟。《近代名人小传》中写他：生得状貌魁梧，眉目耸拔。整日无所事事，斗鸡走狗，徜徉街头。寒冬时，反披羊皮小褂，牵狗逛街。有个体面的满洲官员很看不惯，皱着眉头问他：“你自己看你像个什么样子?!”肃顺满不在乎地答道：“无赖呗。”“无赖也光荣?”肃顺倒装出一副蛮有道理的样子说:“因无所赖,所以才是无赖呀!”官员一本正经地说:“那么,我给你保举一事,为你所赖,何如?”肃顺不以为然,叩问何事。回答:“官也。”肃顺以为戏己,调头而去。后来那位官员真的为他百计营求,结果肃顺以闲散宗室官刑部侍郎。

考之肃顺履历,他虽在咸丰朝步步高升,最后成为权倾朝野的人物,但他并没有做过一天刑部侍郎。咸丰即位以前,道光二十九年,肃顺由三等辅国将军、委散秩大臣升授奉宸苑卿。其时,他已是个三十几岁的四品京官,想来还不至于整日摇晃街头,斗鸡走狗。所以,上述小传的故事未必真有其事。

但作为一个闲散宗室,肃顺有钱有闲、精力过人,经常出入于达官显宦之家,或市间酒楼茶肆,对官场和社会有着更深刻的了解和认识,倒可能是事实。史载,肃顺为人豪放不羁,仗义疏财,颇有些游侠气质。“习知京师五城诸坊利弊,最喜结交汉人。其时江浙间跅弛不羁之士,辄延致上座,罄折而请焉。家虽不裕,挥霍不少吝,大有孔北海座客常满、樽酒不空之慨。”并且,肃顺机敏勤快,有惊人的记忆力。接人一面,终生能道其形貌;治一案牍,经年能举其词句。所以,他被步军统领额恒倭看重,举荐其才,受到咸丰帝的召见。召见时肃顺提出“严禁令,重法纪,锄奸宄”,皆合咸丰之意,遂开始步步升迁。道光三十年,肃顺由奉宸苑卿晋为内阁学士兼礼部侍郎;咸丰三年三月,迁銮仪卫銮仪使。奉宸苑是管理皇家园林的机关,卿为主官,正三品,向由内务府官和侍卫兼任。内阁学士,从二品官,有参赞政务、上奏皇帝之权。銮仪卫为管理御用车驾仪仗的机构，主官銮仪使为武职正二品官。其后四年三月，又由乾清门侍卫授御前侍卫；四月，升任署正红旗满洲副都统，兼任工部左侍郎，旋调礼部左侍郎；咸丰七年初，授都察院左都御史；八月，升理藩院尚书；八年九月，调礼部尚书；十二月，调户部尚书。其后，又身兼御前大臣、内务府大臣、协办大学士等重要职务。由此可以看出，肃顺的发迹是在咸丰即位以后，而且是一步一个脚印，并不像有些论者所云，“大半是利用咸丰帝与恭亲王奕䜣间的矛盾”。因为奕䜣被罢官到上书房读书，是在咸丰五年七月，而其时肃顺早已是身兼数职的二品大员了。肃顺真正权势大张、排除异己，令廷臣侧目的时期，应当是内乱日深、外患复炽的咸丰八年以后，甚至更晚。

古人云:“观人于其所友。”从今天社会学的角度来观察，人格与团体生活有着密切的联系。咸丰之所以赏识和重用肃顺等人，关键是因为这些人和年轻皇帝的思想方法与处世哲学基本上是一致的。肃顺不仅在才识上高于当时的满洲大臣，而且不畏谤怨、敢于任事。他秉承咸丰帝“猛以济宽”的旨意，主张严刑峻法，力图改变清廷内外文武废弛的状况。为除弊起衰，他不惜屡兴大狱，唯严是尚，因此受到咸丰帝的格外倚重。

咸丰八年十月，顺天乡试放榜后，发生了一起震惊晚清朝野的科场巨案，先后共惩处 90 余人，其中一品大员柏葰等 5 人被斩。因当年为戊午年，所以这一巨案通称之为“戊午科场案”。

许多史书记载，这件科场案是由顺天府监考官之间内讧引起的。谣传说贡院中出现了不祥的大头鬼，闹得人惶恐不安。发榜后，有人告发，在中式的前十名中，满洲镶白旗平龄曾在戏院登台演戏，所以“京师议论哗然，谓优伶亦得中高魁矣”。接着，御史孟传金上疏弹劾，事情就愈闹愈大了。论者认为主考官军机大臣、内阁大学士柏葰本人并不知情，完全是肃顺等人“在快私憾而张权势”，借端发难，以致咸丰帝想免其一死也势有不能。

其实，顺天戊午科场案自始至终是秉承咸丰皇帝的旨意查办定罪的。柏葰等人被斩，经过王大臣反复核议之后，最终由咸丰帝审决，量罪而刑，并不是载垣、肃顺等人公报私仇，“意在修怨以立威，必杀之而后快”。

咸丰初年，条子关节之风盛行，大庭广众之中不以为讳，以致狡黠者常取胜，朴讷者常失利。所谓“关节条子”，即考官与士子交通作弊，先期约定符号，定明试卷内诗文某处用某字以为标记。士子或面呈亲递，或辗转相托，考官入场后留心于所欲取者，凭条索录，百不失一。更有无耻之徒，在条子上还加上三圈、五圈。如果获中，三圈就赠300金，五圈就赠500金。咸丰接到中式举人平龄朱墨不符的奏报以后，十分重视，即命载垣、端华等人认真查办。结果，不但情况属实，而且又查出多起舞弊案情。咸丰帝对此极为震怒，即将正主考官柏葰褫职，副主考官朱凤标、程桂庭暂行解任，随命载垣等进一步追查。

原来，中试的广东肇庆人刑部主事罗鸿绎在科考前，与他的同乡兵部主事李鹤龄拟定好关节条子。李鹤龄在考前把条子递送到同考官翰林院编修浦安的手中，求其照应。蒲安按图索骥，将罗鸿绎考卷作为备卷加以推荐，并通过柏葰家人靳祥转恳柏葰务必取中，万别撤下。柏葰听从，即将已中的他人之卷撤去，将罗鸿绎的备卷取中。事后，浦安得银 300 两，李鹤龄得银 200 两。中试的罗鸿绎循例拜谒主考官柏葰，馈送贽敬银 12 两。加上浦安送上的贽敬银 16 两，柏葰心安理得的收下，并未推辞。

案发后，办案王大臣奏报咸丰帝：柏葰身系一品大员，听受嘱托，辄将罗鸿绎取中，实属咎由自取。因无成案可循，请比照交通嘱托贿买关节例，拟斩立决。咸丰九年二月十三日，咸丰帝于勤政殿召见文武百官，宣示柏葰等罪状。他说：科场为抡才大典，交通舞弊，定例极严。向来典试大小诸臣，从无敢以身试法轻犯刑章者。不意柏葰竟以一品大员，乃如此辜恩藐法，敢以家人求情，辄即撤换试卷。就所供情节，详加审核，情虽可原，法难宽宥。柏葰着照王大臣所拟，即行处斩。派肃顺、赵光前赴市曹，监视行刑。于是，柏葰和同考官浦安以及李鹤龄、罗鸿绎被绑赴菜市口（其时平龄和靳祥已死于狱中），准备开刀问斩。

清代，凡是一品大员临决之日，多加赦免，改斩为戍，这也是清朝自立国之初就沿袭下来的惯例。因此，柏葰也自以为到时候皇上一定会刀下留人，赦免死罪的。他叫家人打点行装，准备圣旨一到就起解登程。

然而，柏葰万没料到，乾纲在握的咸丰帝是说话算数的。他虽然也觉柏葰老成宿望，情有可原，然而以猛济宽，法难曲宥。所以临刑之日，咸丰帝是遍召群臣，上自亲王，下逮卿贰，仔细询问，有无屈抑，随之声泪俱下。当时诸臣默无一言，最后咸丰才朱笔勾决，柏葰等 4 人同时弃市。

同年七月，顺天科场案中的副主考官程庭桂之子工部郎中程炳采也因交通关节而身罹大辟，其父程庭桂从宽发往军台效力赎罪。其余舞弊失职人员均一一惩办。承审程桂庭父子一案的载垣、端华等人亦因办案迟延而受到咸丰的处分。

顺天科场案将近1年才告结束，被严惩的柏葰是清朝唯一因科场案被处斩的一品大员，也是自隋唐开科取士以来为科考而遭重辟的职位最高的官员；其惩办人数之多，在清代科场案中也是屈指可数的。由此可看出咸丰对整饬吏治的决心与苦心。肃顺在整个案件中只不过充当了最后监斩官的角色，并不像某些野史中所任意描写的那样——临刑前，咸丰持朱笔迟疑不决，肃顺在旁进谗言，“虽属情有可原，究竟罪无可逭”。上意犹未决，肃顺即夺朱笔代书之。对清史稍微有些研究的人便懂得，在乾纲独断的道咸时期，肃顺再有几个脑袋也是绝不敢如此放肆的。

其实，咸丰一朝与肃顺确有关系的大案，是咸丰九年的“钞票舞弊案”。

咸丰即位以后，遇到的最棘手的问题之一就是财政危机。为了摆脱这种困境，咸丰帝曾诏谕臣工，“议停文武官俸，议减外吏养廉，议暂停各衙公费，议暂收铺租房屋，议征借山西、陕西、四川三省钱粮一年，议铸大钱、开官钱局，其所以撙节之而筹计之者，几微不至矣”。其中，咸丰始终把通货膨胀视为生财之道。咸丰三年，他批准通行官票，后又批准印制宝钞，铸造铜大钱、铁大钱，甚至铅钱等。这些巨额新币投放市场后，顿时引起金融市场的极大混乱。因缺乏信用，军民人等都不愿意收受。

为了强制推行票钞，户部先奏准设立第一批官银钱号，即乾豫、乾恒、乾丰、乾益，欲称“四乾官号”。咸丰四年九月，又准许由几个商人设立宇升、宇恒、宇谦、宇泰、宇丰等五个官号，欲称“五宇官号”。这样，官商勾结，强迫推行，结果闹得官民交累，两败俱伤。肃顺任户部尚书后，检查宝钞处所列“五宇官号”欠款，发现与官钱总局存档不符，从中查出巨额贪污舞弊案，赃款总额高达数千万两。于是在咸丰的批准和支持下，肃顺先后将司员荣溥、王正谊等十余人及商人胥吏等数十人的家产抄查。其中，不仅仓场侍郎崇伦、科布多参赞大臣熙麟被籍没家产，恭亲王奕䜣的家人也受到牵连，由怡亲王载垣奏请查抄。而且，与肃顺交往甚深的“肃门六子”之一、户部主事李篁仙也被逮入狱。案件正在审理之时，户部突然发生火灾，“宇廨尽焚，延及礼部署”。咸丰怀疑吏部司员故意举火，以冀灭迹，诏谕户部堂官严加议处。当月司员革职听讯，司务及书吏20余人皆交刑部，统归怡亲王载垣等办案王大臣严讯。总计此案，先后牵连数百人，时间达两三年，户部尚书周祖培、大学士翁心存均因此案受到革职留任处分。

对于近代史上相继发生的这两起大案，时人或为君讳，或出于对肃顺的偏见，往往都归结为肃顺的揽权树威、排除异己。而实际上，不论是肃顺还是载垣、端华，他们都是忠实地执行了咸丰“猛以济宽”的方针政策。如咸丰九年十二月，御史朱梦元借儆惕天象劝谏咸丰说：陛下求治太锐，不免操之已蹙；除弊太急，不无过为已甚。咸丰毫不客气地回答：朕执两用中，毫无偏倚。近来诸事苟且，即如现办户部钞票局一案，弊端迭出，若不严惩，何以肃法？

徒恃宽大，尚未平允！由此可见，大狱屡兴的真正导演者应是乾纲在握的皇帝，而不是他人。

“以猛济宽”的治国方针，在咸丰一朝是贯彻始终的。与此同时，咸丰的对外政策亦表现了不甘屈服的强硬态度。

二 城下之盟，春秋所耻

历史的长河奔流到 19 世纪，大清王朝的命运已如落日西沉。

如果说鸦片战争的炮火并没有完全打掉清朝统治者虚骄自大的心理，年轻的咸丰皇帝对外还没有完全服气和认输，但“弧矢威天下，威棱震寰海”的时代毕竟已成过去。船坚炮利的西方侵略者给道光帝造成的痛苦和耻辱，咸丰还记忆犹新。所以，在仇恨与疑惧之中，他对一切西方人都保持着高度的警惕。他曾幻想“万年和约”（时人对中英《南京条约》的称谓）能维持中外相安，待国运中兴后，他是不会忘记要为皇父报仇雪耻的。

然而，腐败的清王朝既然没有在鸦片战争的炮声中惊醒，那贪婪的西方殖民者更不会因一纸条约而满足。

咸丰四年夏，英法美三国借清政府在各地农民大起义的烽火中焦头烂额之际，相互勾结起来向清廷提出了“修约”要求，主要内容为：第一，中国全境开放，否则，至少要开放镇江、南京、杭州、温州，并准许长江通航；第二，承认鸦片合法贸易；第三，废除内地子口税；第四，外国公使驻北京，如不可能则应允许外国使节与中国总督直接会晤，并规定外使与清政府之间公文往来办法。

其中，美国公使麦莲还以协助清王朝镇压太平军为诱饵，游说沿海地方大吏。咸丰对此疑而不信，认为夷人犬羊，居心叵测，当此江南不靖，难保不是趁火打劫。于是，他对列强要求改约一事提出了应对的原则，即：

> 仍当坚持定约，杜其妄念。既不必激其另生枝节，也不准迁就了事，更不能示之以弱，露有羁縻之形。总宜不亢不卑。

并反复诏谕负责对外交涉的两广总督叶名琛:“断不容以十二年变通之说，妄有觊觎。接见洋官等仪文，仍当恪守旧章。不得以洋官等有相待稍优之请，少涉迁就，以致驰其畏惮之心。”

在此之前，为防备上海小刀会起义军与外人勾连，咸丰还密谕江苏巡抚许乃钊等人，“严饬各员弁，明攻‘逆匪’，暗防外夷，星速督兵进剿”，尽快平息小刀会起义。结果，许乃钊未能按咸丰的旨意办事，降旨革职；苏松太道吴健彰“通夷养贼，罪情重大”，被革职拿问。后继者江苏巡抚吉尔抗阿认为三国修约难以拒绝，奏请皇帝“略为变通”，亦遭到咸丰帝的严词批驳。

当时，最让咸丰帝满意的“外交人才”是两广总督叶名琛。叶名琛是湖北汉阳人，进士出身，累迁至广东布政使。道光二十八年，升任广东巡抚。因与两广总督徐广缙一起积极支持广东绅民抵制英人的入城斗争，受到道光皇帝的嘉奖，被封为男爵。广州人民反入城斗争的胜利，在道光晚年是一件极为欣慰的事情，时为皇子的咸丰对领导这次斗争的徐、叶二人亦十分感佩。所以咸丰即位后不久，便提拔 45 岁的叶名琛为两广总督兼办理外交事务的钦差大臣。叶名琛的外交思想与清廷的对外政策不谋而合，他以雪大耻、尊国体为己任，坚决支持广东人民的反入城和反租地斗争。他在抵制外国侵略者的态度上尽管十分明显，但却从不主动与外人挑起衅端。同时，在拒绝外国侵略的前提下，注意避免与之发生不必要的纠纷和冲突。因此，有人把叶名琛的广东外交称之为"防御型"的。其实，这正是咸丰帝不卑不亢的对外原则。咸丰五年八月，叶名琛在奏折中指出列强的修约内容为无厌之求后，咸丰为他打气说："览卿所奏各夷情状，实属明晰，亦能善体朕意，示以镇静，不但杜其无厌之求，并免另生不测，以致扰乱大局。卿其永励斯志，忍待军务悉平，彼时饷裕气复，断不任其狡狯尝试，时存窥测。"并赞扬他，虽远在东南一隅，但功勋卓著，与辅佐皇帝的近臣一样，"朕虽未与卿谋面，第往返批答，不啻千里论心"。

君臣二人都主张对外强硬。在内患未除的情况下，对外暂时隐忍不发，采取坚守成约、杜绝妄求的政策。但这种理直气壮、冠冕堂皇的对外政策，在弱肉强食的殖民主义时代是根本行不通的。要进一步打开中国的大门，用比《南京条约》更为有效的新条约来控制清政府，是资本主义列强既定的目标。而要实现这一阴谋，侵略者早已懂得：仅用孤单的行动而不伴以强大的军事压力，就没有希望从中国取得任何重要的成果。以咸丰为首的清朝统治阶级，虽不乏对外强硬的抵抗态度，但却不谙世界大势，不研究外来的对手，更没有行之有效的防御措施，依然停留在"尊王攘夷""夷夏大防"等传统的思维定式中。在咸丰帝和大多数官绅心目中，中国是文明礼仪之邦，居大地之中，自古神圣皆成此地，而四裔皆为荒昧，西洋等国不过是海陬荒岛上的蛮夷之辈，只有中国皇帝才是天下万国的君主。“华尊夷卑”的思想，在咸丰的头脑中根深蒂固，所以他横竖放不下万乘之尊的架子，而把对外交涉的棘手差事推到了远离京师的叶名琛头上，相信他“久任粤疆，熟悉夷情，必能设法驾驭，操纵得宜”。但常以雪大耻、尊国体为言的叶名琛，既不屑讲交邻之道，与通商各国相联络，又不曾考察各国之虚实向背以求对应之法，而只是采取一避二推三拖延的消极办法。

咸丰六年二月，英法美三国再次提出无理的“修约”要求。咸丰只同意择其事近情理、无伤大体者变通一二，其大段断无更改，以绝其觊觎之心。欲壑难填的侵略者见讹诈不成，于是图穷匕首见。同年十月，英国借口“亚罗号事件”，派军舰进攻广州沿江炮台。

第二次鸦片战争爆发。

内忧未靖，外患复来。同年三月、六月，在太平军凌厉的攻势下，围困天京的清政府江北、江南大营相继溃败。沿江处所，在在堪虞。咸丰既怕太平军再度北上，威胁京畿；又怕沿海骤起风波，影响军队饷源。所以，他希望早泯争端，先挽救江南战局。但侵略者的无厌之求又使他无法接受，两难之中，咸丰束手无策，只是告诫叶名琛：“不胜固属可忧，亦伤国体，胜则该夷必来报复。当此中原未靖，岂可沿海再起风波。宽猛两难之间，总宜计深虑远，弭此衅端。既不可意存迁就，止顾目前，又不可绝之已甚，复开边衅。如其仍肆嚣张，断不可迁就议和，如耆英辈误国之谋。”

这仍是个无法执行的圣旨，但叶名琛依然忠实地执行了咸丰帝不卑不亢的对外态度，既没有向英国人妥协投降，也没有认真备战、坚决抵抗，而是尽量避免对外战争。所以时人讽刺他是“不战不和不守，不死不降不走。相臣度量，疆臣抱负。古之所无，今亦罕有”。如果以此作为对叶名琛的评价，自然有欠公允，但如果以此对照咸丰的历道旨意，则它恰恰说明了在内忧外患当中，咸丰皇帝既要维护国体、又想安内攘外的一种首鼠两端、矛盾难为的外交路线。

咸丰七年十一月十四日，英法联军攻陷广州城，扶植广东巡抚柏贵，建立了中国近代史上第一个傀儡政权。深为英人所忌的叶名琛被俘后，颇具民族气节。他被英军押往印度加尔各答后，不改清朝服饰，拒绝英方供给，最后所带粮食告罄，绝食而亡。叶名琛是咸丰对外政策的忠实执行者，也是第二次鸦片战争当中清王朝的第一个替罪羔羊，但咸丰帝在得知叶名琛失城被俘之后，气急败坏，往日的赏识、信任也顿时烟消云散。他觉得广州失陷是由于叶名琛失之太刚，激成事变，而他的被俘又有损于大清王朝的尊严。所以，对外态度又由软变硬，一方面咒骂叶名琛“辱国殃民，生不如死，无足顾惜”，一方面斥责柏贵失之太弱，“竟在夷人掌握之中。既不能抽身出城，带兵决战；又不思激励绅团，助威致讨。自取坐困，毫无措施。其畏葸无能，殊出意外”。

年轻气盛的咸丰皇帝对英法联军攻陷广州、掠走钦差大臣一事，非常恼恨。但内乱未除、兵饷奇缺，既不敢与洋人公开宣战、大张挞伐，又觉得有损天朝尊严，咽不下这口气。一筹莫展之中，咸丰又搬出了前朝“招民团练，辑民攘夷”的杀手锏。他想利用广东绅民的排外情绪，给洋鬼子们一点颜色。

咸丰八年初，不谙大局的咸丰帝一面密谕新任两广总督、钦差大臣黄宗汉对外采取“先剿后抚”的办法，调集兵勇，准备先与侵略者一战，然后再相机议和；一面通过湖南巡抚骆秉章转递上谕一道，命令正在广州原籍的前户部侍郎罗惇衍、前太仆寺卿龙元僖、前工科给事中苏廷魁等人，“传谕各绅民，纠集团练数万人，声讨英、法背约攻城之罪，将该夷逐出省城。倘该夷敢于抗拒，我兵勇即可痛加剿洗。该绅民等如能众志成城，使其受惩，正所以尊国体而顺民情，朕断不责其擅开边衅，慎勿畏葸不前也”。此时，咸丰帝并不清楚战争已迫在眉睫，英法联军侵占广州的目的，一是要警告清廷，必须放弃以往的对外政策，接受修约要求；二是以广州为筹码，向清王朝勒索更大的权益。他天真地以为侵略者不过是虚声恫吓，如果一味迁就反倒失国体而启戎心。所以，当英法两国勾结美俄，联合向清政府提出照会，无理要求赔偿军费、公使驻京、外人得自由往内地游历、增开通商口岸等，并威胁清政府，如果三月底以前不派遣钦差大臣到上海与之谈判修约，则举兵北上，判断失误的咸丰帝依然态度强硬：“此次夷人称兵犯顺，占据广东省城，现在又来沪投递照会，并言欲赴天津，显系虚声恫喝，欲以肆其无厌之求。”所以，他对四国的答复是：“上海本非筹办夷务之地，中国自有专办夷务之人。英法美三使应回广东，听候黄宗汉秉公查办。俄使则仍赴黑龙江等处会办。”

“八旗劲旅，天下无敌”的狂想，也许又在咸丰的头脑中复活了。他满以为津沽设防远胜虎门要塞，英法船只虽多，天津地势和民力皆有可恃，一旦发生战争，“天津固不难制胜”。并且愚蠢地打算利用美俄以制英法，对首恶英夷尤其要正颜厉色，先声夺人：问其何以如此背约无礼，劫我大臣，占我城池，擅放狱囚，抢夺银库。天真的咸丰帝以为，这一连串义正词严的诘问就能把侵略者吓退。其实，狡猾的俄美两国公使正是在“调停”的幌子下，不断恫吓和威胁清政府，迫其接受英法的条件，以便他们从中渔利。当时直隶总督谭廷襄等人提醒咸丰：现在英法阳示其恶，美俄阴济其奸，强弱不同，其为贪得无厌，则均归一辙；特别是俄使异常狡狯，欲借英法以便其私，其所云愿为帮助说合，断不可靠。但咸丰在疑惧之中仍存侥幸心理，幻想用俄通美，以制英法，把希望寄托在俄美公使的“调停”上。结果，在军事上不积极加强战备，在英法侵略军突然袭击大沽炮台时措手不及，致使敌军攻陷炮台，沿水路直抵津关。

气势汹汹的英法联军到达天津后，扬言如果清廷再不派出可主持一切的头品大臣迅速来津谈判，就要毁灭天津，前往北京。咸丰帝闻知后惧恨交加，急忙派大学士桂良、吏部尚书花沙纳前赴天津议和。惶恐之中，巡防王大臣绵愉等人认为耆英熟悉外国情形，便向咸丰推荐。年逾七旬的耆英为借此挽回自己的名望，在皇帝召对时极力陈说愿任其难。于是咸丰弃瑕录用，授耆英侍郎衔，赴天津与桂良等人一起主持谈判。咸丰的如意算盘是，耆英曾负责道光年间对外和约的签署，为西人所熟悉，如谈判中桂良、花沙纳所许夷人犹未满足时，耆英再出面周旋，酌允几条。耆英熟悉夷情，或许能消弭夷人进京之请。为此，咸丰还强调说，“接到此旨，不可先行泄露。此时桂良等人作为第一次准驳，留耆英在后，以为完全此事之人”。并连连诏谕，所有议抚事宜专归耆英办理，许其便宜行事，不必拘定与桂良等人会商。何事可行，何事不可行，耆英必有把握，朕亦不为遥制也。紧急关头，咸丰又捞起了8年前被他痛斥的这根稻草，把解救危局的希望全部放在了耆英的身上。

咸丰起用耆英，立刻遭到某些王公大臣的反对。恭亲王奕䜣上奏说：

> 耆英从前办理夷务，非委曲顺从，即含糊答应，畏夷如虎，视民如草，以致酿成巨患，流毒至今。其人畏葸于前，未必能振作于后。是在皇上乾纲独断，凡必不可允之条，即百计要求，也不能因耆英代为乞怜，而稍涉迁就。应请严敕该员，务须正名问罪，而后俯顺夷情，不可蹈从前覆辙。傥一味示弱，或致敷衍了局，则惟耆英是问。

咸丰览奏后，心有苦衷，但洋人兵临城下，不得不通融办法，只好再次叮嘱耆英：“务必尊国体而戢戎心，若将万不可行之事代为乞恩，耆英具有天良，当不致为他人所逆料。朕畀以重任，冀其仰体朕心也，懔之！慎之！”

咸丰帝的满腔希望，很快便成为泡影。

当英国公使获悉，耆英此次企图通过支持桂良、花沙纳所持的强硬态度来改变他自己的形象时，担心耆英的介入会给他们的逼降带来麻烦，于是和法国公使一起，拒绝与耆英会面，并授意译员李泰国和威妥玛当面羞辱他。耆英到达天津后，尽管已老眼昏花，但还是察觉到事态的严重性。四国侵略者面目虽异，而贪鄙如一，尤其是英人，不仅其桀骜不驯的张狂态度更逾往时，而且他们的武器装备也比 16 年前有了明显的更新。咸丰拟定的妥协办法与侵略者的蛮横要求差之千里，所以战争一触即发。尤其令耆英狼狈不堪的是，与英法代表会谈时，译员李泰国等人不断逼迫清方三位钦差大臣用书面形式完全同意英国提出的条款，咆哮要挟，无礼已极。并拿出一份在叶名琛衙门里获取的耆英写给清廷的奏折，其中大谈其驭夷之术和与夷人虚与委蛇的情况。两个西方的小人物以此面斥三朝元老的钦差大臣，耆英无地自容，只得惶恐求去，并且不待咸丰允准便擅自回京。

这样，耆英最后的一次政治活动非但没有完成咸丰的重托，反而受敌侮辱，并与桂良等人联名同意咸丰最不愿意接受的公使驻京等条件。为此，咸丰极为愤怒，命将耆英解京讯鞫，下狱议罪。同时一面严谕桂良等人，拒绝英法要求，特别是公使驻京一事；一面先行与俄美两国签订《天津条约》，依然幻想以此让步来换取他们的感恩图报，劝说英法两国放弃其公使驻京等要求。但这种与虎谋皮的做法，只能使咸丰再一次受到欺骗而已。最后，在英军欲进攻北京的威胁下，咸丰八年五月十六日，桂良等人被迫与英国公使额尔金签订了丧权辱国的中英《天津条约》。第二天，又被迫与法国公使葛罗签订了中法《天津条约》。

这两个不平等条约的主要内容是：第一，公使驻北京，用平等礼节；第二，开放牛庄、登州、台湾、淡水、潮州、琼州、汉口、九江、南京、镇江为通商口岸，海关雇用外人；第三，耶稣教、天主教得入内地自由传教；第四，外国人得往内地游历通商；第五，修改税则，减轻商船吨税；第六，外国兵船、商船得在各通商口岸停泊；第七，对英赔款四百万两，对法赔款二百万两，交清后退还广州。

先前，侵略者立逼索要的上述条款传入京城后，清廷上下群情激愤，纷纷连章上奏，主战呼声迭起。群臣众口一词，大声疾呼，不可暂图目前息事而遗患无穷。他们反对的焦点集中于外使驻京和内地游历通商两条。吏部尚书周祖培等上奏《外使驻京八害折》，声泪俱下地指出：若外夷“久驻京师，则凡有举动，纤悉必知，既速且详，动为所制”；洋人习惯居楼，善用望远镜，“则宫禁重地，园庭处所，尽为俯瞰”；夷人设馆传教，蛊惑人心，“则衣冠礼乐之族，夷于禽兽”；民夷杂处，如有争斗，何以讯断，“或有奸猾之徒，为重利所饵，挟夷为重，横行都市其患尤不可胜言”；朝鲜、琉球等国，久奉正朔，“若见该夷之桀骜倨侮，必皆有轻视天朝之意”；更有虑者，夷人猖獗有年，恶贯满盈，沿海各省，无不欲食其肉，今既盘踞京师，逼近宫禁，外间一与为仇，该夷必在京师报复，“肘腋之变，可为寒心”。

望着堆满御案的奏折，咸丰览不胜览，心如乱麻，时而奋笔疾书，时而长吁短叹。侍立一旁帮助他分理奏章的懿贵妃，见皇上眉头紧皱，满脸愁容，一时也找不出更好的宽慰话来。

她理解自己的丈夫。自幼熟读列朝实录、孔孟之书的皇帝何尝不知道，一旦夷人驻京，则中国便为外人所监守，不仅自古无此体制，而且禁止令行，四夷来王的天下将从此解体；他又何尝不知道，内河通商，兵船游弋，不仅江南利源流之于外，而且海运河运皆归夷人掌握，后患更是无穷。《南京条约》时，皇父亦只允五口通商，割让香港一隅，便已抱恨终生、死不瞑目，而今洋人竟要登堂入室，长驻辇下，强占龙兴之地的大片国土，欲作中兴之主的皇帝又怎愿落千载骂名，愧对列祖列宗？但如果竣拒，则兵端立起。眼下海口已失，天津不保，外敌逼近都门，防兵甚感不足，虽各处调兵，但远水不救近火。万难之中，桂良奏折中的一段话提醒了咸丰：此时英法两国和约，万不可作为真凭实据。不过假此数纸，暂退海口兵船。将来如欲背盟弃好，只须将奴才等治以办理不善之罪，即可作为废纸。于是，一个缓兵之计逐渐在他脑海里生成。

英国公使额尔金讲，《天津条约》是“用手枪抵在咽喉上”完成的，而这支手枪亦深深刺痛了年轻的皇帝。不等夷船起锚南下，愤懑的咸丰帝便一面严厉惩办在事文武大员，一面密谕广东罗惇衍和黄宗汉激励民团会攻广州城。根据咸丰的指令，耆英被僧格林沁派员锁解到京后交巡防王大臣等严讯。奕䜣等主张将耆英定为绞监候；理藩院尚书肃顺主张即行正法。咸丰览奏后认为尚须详酌，三日后候旨定夺。由此可见，盛怒之余，咸丰对耆英的量刑仍是十分慎重的。咸丰八年五月十九日，咸丰朱笔宣谕耆英罪状，肯定奕䜣所拟“尚无不协”，“惠亲王原参，未免过重，即肃顺所奏，仍拟正法，亦未为是”。最后，思尽情法两全之道，传旨令耆英自尽。许多史书中，论及耆英之死，都说是肃顺不避权贵，执法如山，左右咸丰而判其死罪，其实，咸丰在朱谕中讲得很明白，根本不是肃顺所能任意妄为的。耆英被"饬纪加恩"自尽后，其余如副都统富勒敦泰、直隶提督张殿元、署天津镇总兵达年、护理大沽协副将德魁均因失陷炮位、炮台而定斩监候，秋后处决；直隶总督谭廷襄经审讯虽无畏葸退避等情，但调度无方，着发往军台效力赎罪。

《天津条约》签订的第二天，咸丰便怒不可遏地诏谕罗惇衍，命其立即激励团练，鼓舞公愤，大胆出战，实力攻剿，"不必因城中尚有官吏，致存投鼠忌器之心"。并嘱其虽系奉旨办团，但剿夷之举，仍当以民心义愤为词，不可自露带勇打仗之名，以免被洋人抓住把柄。此后，咸丰又多次密谕两广总督黄宗汉等，暗中统帅各乡，联络激励，以挫外夷之势而振中国之威。

咸丰这种"不必官与为仇，只令民与为敌"的做法，既有顺民心、恃民力以垂万世之基的民本思想，也有官力不足、不得已借助民力的苦衷，幻想用"明和暗剿"的方式来惩罚侵略者，以排泄他心头的怨恨。他甚至一厢情愿地以为，只要用这种"官与绅民貌离而神合"的斗争策略激励沿海绅民，轰轰烈烈地声讨夷人背约攻城之罪，自己躲在幕后，就能将侵略者逐出中国，消弭《天津条约》于无形。

与此同时，《天津条约》像芒刺在背，使咸丰一刻不得安宁。列强兵船刚一起锚，他便急命僧格林沁火速来京，面授机宜，以布置海口、设防。同时召回桂良等人，指示挽回条约的"内定办法"。

在洋人的眼里，年轻的咸丰皇帝是一个顽固的专制君主。1858年7月13日，上海某家报纸写道：

在惊慌失措之际，这个皇帝可能什么都答应。但是，当压力消散、舰队离开的时候，他的“法老之心”一定又会故态复萌。那种中国人的狡诈一定会肆无忌惮地用在回避条约的义务方面。

除了对中国人的恶意诽谤，洋人对咸丰的认识基本上是准确的。这个血气方刚的皇帝对“手枪抵在咽喉上”的城下之盟，非但没有屈服，而且时刻准备推翻成议，伺机报复。

这是第二次鸦片战争时期的又一个战场。

根据《天津条约》，中外双方约定在上海举行改订税则和通商章程会议。咸丰将这次商定税则看为中外关系的一大转折，所以在桂良、花沙纳等人离京前详细制定了一劳永逸之计。这个咸丰自以为得计的内定方法，就是用外国来华贸易全部免税这一条，来换取《天津条约》中的外使驻京、长江通商、内地游历和赔缴军费后始退还广东省城这四条，其中最为重要的就是公使驻京问题。咸丰愚蠢地认为，洋人来华的目的就是要通商获利，只要能最大限度地满足他们的欲望，洋人一定会感动驯服。所以，他幻想用全免关税的条件来换取以上四款。

这只是咸丰皇帝的一厢情愿。

在侵略者看来，清廷所要极力挽回的东西，也正是他们所要攫取的目标。美国公使伯驾说：“从遥远的地方无法驾驭中国政府，只有到了它的身边，它就会变得驯服多了。”一语道破了天机。侵略者坚持公使驻京就是要直接控制清政府，以便随时夺取更多的侵华权益。英国则还有扩大在华影响、抵制沙俄势力南下的目的，所以英国公使额尔金亦坚持索取。他说：如果没有公使驻京一项，《天津条约》是一文不值的。

为了防止清政府毁约变卦，英人李泰国在天津谈判时便指名要江苏巡抚赵德辙和苏松太道薛焕为上海会议的代表，以摆脱忠实执行咸丰旨意的桂良等人，进一步扩大侵略成果。到上海后，英人未闻赵、薛二人奉有谈判之权，便以“复行北上”来要挟清政府明令指派。同时蛮横地要求清政府立刻撤下奉旨攘夷的两广总督黄宗汉等人，否则，拒绝上海税则谈判。

这种以武力为后盾、明目张胆地指定谈判对手，迫使清政府放弃“明和暗剿”的做法，使咸丰十分恼怒。但更使咸丰愤恨不已的是，桂良一行到上海后，还没有与李泰国等人会晤，便放弃了咸丰苦思瞑想出来的“一劳永逸”之计。先是谈判大臣之一的两江总督何桂清向咸丰解释道：夷商与夷酋是两回事，如果尽免其课税，夷商固然乐从，但夷酋并不领情；而带兵犯顺、陷我城池者皆系夷酋所为，与夷商无关，应另筹转圜之法。接着桂良、花沙纳等又联名奏报皇上：即使把课税全免，不过夷商感恩，欲其罢弃全约，势必不行。然而，对商务税则懵懂无知的咸丰帝依然固执己见，严谕桂良仍遵内定办法力图补救，非把公使驻京、长江通商、内地游历、赔缴兵费始退还广东省城四项废除不可。

咸丰为什么宁可全免关税也要取消这四项条款呢？其根本原因还是要维护清王朝的长治久安。以往只有进贡的使臣才允许进入京师，叩见天颜，而今如果允准这些“化外群番”长驻京城，与真龙天子平起平坐，那不仅是“千古未有之奇闻”，而且会严重地损害皇帝的尊严和威信，影响清政府对人民的统治。“一喜四海春，一怒四海秋，禁止令行，四夷来王”的封建统治，是咸丰和他的大臣们极力想恢复的世界秩序，而一旦允许洋人驻京，则祖宗的一统天下将立刻解体，肘腋之变会随时祸及天朝。所以，不论是在谈判过程中，还是签约以后，“市井闲谈，士大夫清议，无不以夷人驻京，为宗社安危所系，而惴惴不安”。再者，就是咸丰非常害怕外人与内地的反清势力，尤其是太平军，结合起来推翻他的统治，所以对长江通商和内地游历、传教等项也是讳莫如深。

但是，洋人的态度也是十分强硬，“条约以外之事，均可商量。条约既定之说，万不能动”。结果，在英法两国，也是在何桂清、薛焕等人的导演下，上海税则会议形式上只开了 3 天，即于咸丰八年十一月八日和二十四日，桂良等人代表清政府分别与英法美三国签订了《通商税则善后条约：海关税则》。

咸丰见桂良等人不仅没有挽回上述四项条款，反而增添了许多新的不平等款项，气愤已极，立时朱批道：“览此折不觉愤闷，尤堪痛恨！汝辈此行，不但不能消弭，反不如原约。”并大骂何桂清，“此次办理夷务，独存成见，不准他人入手，殊属胆大，是以视朕旨如弁髦，罪有浮于耆英者”。何桂清却安慰他的主子说：天津所定条约，以为退兵之计，而欲罢其议，为一劳永逸之谋，断非口舌能争，亦非微利能动，必得用兵方可。此时宜不动声色，使之不疑。我则将天津海口水陆预备齐全，候其来年赴北换约时，聚而歼之。

咸丰望着案头上僧格林沁近日海口炮台工程告竣的奏报，何桂清的上述陈述不禁又使他怦然心动，一个“迟则有变，莫若先发制人”的歼敌方案，又在他的脑海中浮现了。

战争的阴魂又在凛冽的北风中游荡着、汇聚着……

三 为了天朝的尊严

咸丰八年五月，《天津条约》签订之后，咸丰帝一面筹划“一劳永逸”之计，派遣桂良等人南下进行改约活动；一面命令僧格林沁会同直隶总督瑞麟，于天津海口一带妥为布置。在咸丰的督促和支持下，僧格林沁等人先在距天津30余里的双港地方择要扎营10座、修建炮台13座。接着又兴工修建大沽海口炮台，共安设铜制1.2万斤重炮2位、1万斤重炮6位、5000斤重炮2位，另安设洋铁炮23位。咸丰见数月之内津沽海防已焕然一新，大沽与双港“一为前敌门户，一为后应藩篱”，布置已然周密，心头稍稍宽慰，传旨赏僧格林沁御用袍褂各一件，即交其子伯彦讷谟祜送往天津，以示嘉奖。同时把大沽炮台原设陆路弁兵1600名扩充为3000名，加强海口防御力量。

清政府在津沽一带大张旗鼓地设防一事，英法两国早已探知。所以，英国政府在给来华换约的新任驻华公使普鲁斯的训令中，就明确指示北上换约时一定要随带“足够的海军兵力”。同时，法国公使葛罗也主张武力换约，他称“中国皇帝是在枪炮威胁下接受这些条件的，其中有些对于他本人和他的庞大帝国，都是屈辱的，致命的。这些条件，只有在暴力下才能实现”。

显然，英法侵略者要迫使咸丰妥协、接受不平等条约，是不惜再一次挑起战争的。

咸丰九年五月，两位趾高气扬的公使到达上海后，发现皇帝派来换约的钦差大臣桂良等人已在上海等候。这是咸丰阻止各国进京换约的最后一次努力。他命桂良等人竭力开导，告以大皇帝派我等来此办理税则，负责对外事务的钦差大臣关防已由广东移交两江总督何桂清，所有上年和约并另立专条均在上海换约。若到天津，该处无人办理，且天津士绅业已团练整齐，不让轮船驶近拦江沙。如果到津船只或受损伤，我等不能负责。如果再开兵衅，则上年条约，必致全归罢议，对各国通商并没有好处。

咸丰的打算是，派桂良等与英法另立专条，挽回最担心的公使驻京等四条，然后将《天津条约》和《通商税则善后条约》等一同在上海与列强换约，但英法使臣拒绝与桂良等人在上海会面，执意北上天津。普鲁斯在给英国政府的报告中，气焰嚣张地说：“我们不得不在天津给予中国政府另一次教训。我一定要使清朝皇帝及其大臣相信，一旦我提出要求，就定要把它索取到手，如不顺从我的要求，我已准备凭借武力来索取。”

咸丰见阻止不行，又作退一步打算，急谕桂良等人兼程赶回北京。同时进一步调兵遣将，并命直隶总督恒福等照会英法公使，指定他们由北塘登陆入京，兵舰不要驶入拦江沙内。大沽海口已处处设防，如轻易入口，恐致误伤，但狂妄的侵略者根本没有把大沽炮台放在眼里。咸丰九年五月，英国军舰 15 艘、法国军舰 2 艘、美国军舰3艘，士兵2000余人，气势汹汹地集结在大沽口外。英国海军司令贺布无理要求大沽守军在3天内将拦河的木筏、铁戗等障碍物撤去；英人威妥玛更扬言，“定行接仗，不走北塘”。咸丰见三国汹汹，来者不善，尽管不甘心接受城下之盟，但还是极力避免武装冲突，他命令僧格林沁等“切勿先行开炮，借以顾全大局”。此时，江南战事正酣，北方俄船强驶乌苏里江，欲图霸占中国领土。咸丰的心思是，只要夷船停泊拦江沙外，英法各使少带从人，从北塘登陆至津，不坐轿摆队，换约即去，不在京师久驻，给大清天子一点面子，他还是能够优容以待的。

新任驻华公使普鲁斯却想抖一抖威风，给清政府来一个下马威。所以五月二十五日下午，英法联军不顾清方一再警告，悍然向大沽炮台发动猛烈进攻。结果，僧格林沁率部顽强抵抗，经一夜激战，侵略者死伤惨重，兵舰被击沉4艘、伤6艘、俘2艘，英军死伤官兵464人，法军死亡14人，英海军司令贺布也受了重伤。当时，美国舰队司令达底拿见形势不妙，高喊“血浓于水”（即同种族的英国人比华人亲近）的口号，命令美国士兵助战。在英法舰队狼狈逃窜之后，充当帮凶的美国公使华若翰却狡猾地装出什么也不知道的样子，悄悄由北塘登陆，与清政府互换了中美《天津条约》。

“四海愤郁二十载，一朝吐气须臾间”，红旗报捷后，咸丰帝大喜过望，即谕军机大臣等：所有在事出力将弁兵勇，着僧格林沁查明保奏，候朕施恩，并准其先于捐输项下提银5000两，分别奖赏。其阵亡直隶提督史荣椿、大沽协副将龙汝元等从优议恤，并于直隶天津及原籍地方建立专祠，以慰忠魂。

喜悦之余，咸丰又不免忧虑重重。他担心从来驾驭外夷，未有不归于议抚者，若专事攻击，恐兵连祸结，终无了期，不如乘此获胜之后，因势利导，以期英法悔悟，就我范围。于是他马上寄谕钦差大臣何桂清，英法两国只能按中美《天津条约》内容办理，在上海换约，所有上年条约内万不可行之事，借此挽回作为罢论。

咸丰的幻想很快被侵略者的战争叫嚣所淹没。

英法联军战败的消息传到伦敦和巴黎后，立刻引起两国统治阶级内部的一片混乱和争吵。伦敦每日电讯疯狂地写道：

> 大不列颠应攻打中国沿海各地，占领京城，将皇帝逐出皇宫。我们应该鞭打每一个穿蟒袍而敢于侮辱我国国徽的官吏；应该把中国的将军们个个都当作海盗和凶手，吊在英国军舰的桅杆上；应该教训华人重视英人，英人高于华人之上，英国人应成为华人的主人。我们至少应夺取北京。如果采取更勇敢的政策，则夺取北京后永远占领广州，把广州变为我们在远东的商业中心，来抵抗俄国在中国东北边境所已取得的势力。

经过几个月紧锣密鼓的策划，英法两国再一次勾结起来，分别任命额尔金和葛罗为全权代表，带兵 2.5 万余人，气势汹汹地卷土重来。

四　谁之罪

悠悠岁月，千古兴衰。

第二次鸦片战争无疑是整个中华民族的一场浩劫。英法两国为了进一步打开中国的大门，不惜一次次挑起罪恶的战争。与之狼狈为奸的俄国，却一次次趁火打劫，鲸吞中国的大片国土。圆明园的残垣断壁，永远不会忘记这段屈辱的历史；而中华民族的子孙，更永远不能忘记：那曾经属于我们的，150 万平方公里的土地。

这宝贵的国土是如何丧失的？

究竟谁是历史的罪人？

让我们听一听黑龙江的诉说……

沙俄对我国黑龙江流域的侵略活动，早在咸丰即位以前便开始了。太平天国起义爆发后，俄国东西伯利亚总督穆拉维约夫意识到大举扩张的机会来到了。他多次敦请沙俄政府利用清政府忙于镇压太平军、无暇北顾之机，乘虚而入，将黑龙江地区据为已有。道光三十年七月，沙俄海军占领了我黑龙江口的庙街；咸丰三年七月，沙俄侵占库页岛，建立军事哨所。当时清政府防内重于防外，对沙俄在黑龙江地区的猖狂活动，除了在口头上做了些有气无力的抗议之外，并没有采取任何有效措施来予以制止，反而把吉林、黑龙江等地的马步军频频内调，用以镇压风起云涌的太平大国起义，造成边疆无防的危险局面。咸丰四年五月，穆拉维约夫统率沙俄远征军3000 余名、驾船百余艘，强行闯入黑龙江，顺流东下。当时，被逼近京畿的北伐太平军打得惶恐不安的咸丰帝，并没有看出北疆事态的严重性，他以为只要俄人不上岸扰害地方，提出无理要求，就可不必与之为难，以免引起衅端。

咸丰五年四月，穆拉维约夫第二次率俄国远征军闯入黑龙江，并公然将大批俄国移民安置于黑龙江下流两岸，进行实际上的占领。接着，同年八月，逼迫清政府派代表与之谈判划界问题。穆拉维约夫手指着俄国绘制的地图蛮横提出：黑龙江系由俄国发源，应将黑龙江左岸划归俄国；乌第河、松花江既未分界，也应将松花江左岸划归俄国。咸丰闻讯后，知道依照康熙年间的《中俄尼布楚条约》，两国自格尔毕齐河源顺外兴安岭山梁为界，山阳为大清国属地，山阴为俄国属地，黑龙江与松花江左岸应为中国地界无疑，如今俄国强迫划界，显然有窥伺侵占之意。但为镇压各地农民起义，截止到咸丰六年初，黑龙江原有驻防军 1 万余人已抽调瑷珲、呼伦贝尔、布特哈等处防军 7000 余名，吉林原有驻防军 1.01 万余人，先后征调 7000 余人，致使数百万平方公里的边疆重地只有羸弱之兵 5000 余人，而且粮饷不足、装备极差。面对近代化装备的哥萨克匪徒，驻守瑷珲的 1000 多名清军，大部分使用一根顶端涂黑了的木杆以表示长矛，肩上挂着弓箭，只有少数人有火绳枪。沙俄兵船在黑龙江、松花江肆意横行，但两省却没有水师，只能望江兴叹。为此，咸丰明知俄国居心叵测，欲于黑龙江外占据地方，但他仍以安内为主，拒不撤回镇压太平天国的东北防军，仅以严加防范、善为开导一类空话诏谕吉林将军景淳等人。这种对内攻剿、对外妥协的错误政策，无异于助长了沙俄的侵略野心。咸丰六年四月，沙俄第三次组织武装船队航行黑龙江，并在中上游许多地方建立据点，屯兵储粮，设立殖民区。同年十一月，又以中国的庙街为中心，设立了东西伯利亚滨海省，明目张胆地将中国黑龙江下游地区划入所谓该省管辖。

第二次鸦片战争爆发后，沙俄更进一步趁火打劫。咸丰七年，英军炮轰广州后，沙俄第四次派军黑龙江，疯狂地推行武装的殖民政策，擅自建立近20个哥萨克村屯。同时，他们一方面在黑龙江上游和蒙古边境集结重兵，包括马兵、步兵、炮兵，共2.2万余人；一面派出俄国海军军官普提雅廷出使中国，进行外交讹诈，迫使清政府同意将黑龙江以北和中国西部的大片领土割给俄国。直到此时，咸丰才意识到北疆问题的严重性。他先是两次命理藩院照会沙俄政府，强调中俄《尼布楚条约》的法律效力，抗议俄国违反条约，侵犯中国主权。接着，又派黑龙江将军奕山与俄国代表谈判，屡次严谕奕山:“中国与俄国分界，以格尔毕齐河与兴安岭为限，定议百数十年，从无更改，今该国所称兴安岭不通东海，难以为界，是并非不知当时所定界址，特欲另辟一条直达东海之路，以便其人船往来，断难迁就允准，岂有数千里江岸可以货取之理！着奕山据理与之辩论，务当恪守旧约，不可听其狡饰之词。”

然而，年轻的咸丰皇帝所面临的俄国对手，不仅拥有强大的军事力量为后盾，而且是阴险狡诈、最善于乘人之危的侵略者。咸丰七年九月，英法联军攻占广州的前夕，遭到清朝政府拒绝的俄使普提雅廷从天津绕道日本南下香港与英法美三国公使相勾结，共同策划进攻京津。

俄国在第二次鸦片战争中扮演了一个极为可耻的角色，一方面怂恿英法两国用武力压迫清政府屈服，同时为英法联军出谋划策，提供情报；一方面又装作同情清政府的样子，拉拢美国作为“调停人”，同时狐假虎威，借英法的力量恫吓清政府以达到其卑鄙的目的。

咸丰八年四月八日，大沽炮台陷落，英法联军直抵天津，气势汹汹地逼迫清政府接受他们的无理条件，并扬言进攻北京。在大兵压境之下，惶恐不安的咸丰明知俄国居心叵测，阳托调停，阴济其私，意在侵我北方领土，但为保住危在旦夕的大清王朝，仍然同意俄使代为说和，使英法不至决裂。于是，普提雅廷借机发难，提出先要将俄国条款议定，方可代为说和。咸丰无奈。五月初三，俄国抢在英法美之前，迫使钦差大臣桂良、花沙纳在天津签订了中俄《天津条约》十二款，主要内容是：

第一，准许俄国在上海、宁波、福州、厦门、广州、台湾、琼州及其他国家所开各口通商；

第二，俄国得在中国各通商口岸设立领事馆，并派兵船在这些口岸停泊；

第三，俄国东正教教士得入内地自由传教；

第四，中俄两国派员查勘“从前未经定明边界”。

这样，狡猾的沙俄利用清政府内外交困之机，未费一枪一弹，便不仅享有西方资本主义国家在华的一切特权，而且在所谓“勘界”的幌子下，为其吞并中国黑龙江以北、乌苏里江以东的大片领土埋下了伏笔。

正当普提雅廷在天津诱逼清政府签订中俄《天津条约》时，穆拉维约夫亦在瑷珲逼迫黑龙江将军奕山在事先准备好的条约草案上签字。咸丰给奕山的谕旨是：俄人欲以乌苏里河、绥芬河为界而不以兴安岭为界，其意实是欲占我海滨地面。奕山当照从前界碑与之剖辩，不可迁就了事，致开后患。天朝疆土，岂容尺寸与人？即如该国地界，肯令他人侵占乎？

但对这些欲壑难填、磨刀霍霍的侵略者，仅作口舌之争是无济于事的。就在英法联军逼抵天津之际，穆拉维约夫向奕山发出了最后通牒："同意与否，我只能等到明天。"然后中止谈判，调兵遣将，弹上膛，刀出鞘，向奕山进行武力威胁。在沙俄的恫吓之下，奕山被迫屈服，擅自与之签订了中俄《瑷珲条约》，将黑龙江以北、外兴安岭以南 60 万平方公里的国土让与俄国；乌苏里江以东的中国领土，改为中俄两国共管。

这就是同年恩格斯所严厉谴责的，俄国借第二次鸦片战争，"从中国夺取了一块大小等于法、德两国面积的领土和一条同多瑙河一样长的河流"。

深受封建社会"社稷为重，边檄为轻"思想熏陶的咸丰皇帝，在接到奕山签约定界的奏报后，并没有暴跳如雷。已经弥漫到都城门外的战争硝烟，早已使他把原来的堂皇上谕抛到了九霄云外。为了求得俄国的效力，帮他劝退英法、消弭公使驻京等条款，他甚至昏庸地提出，如松花江、乌苏里江以东也系空旷无人之地，自可与黑龙江一律办理。为防公使驻京、礼节平等，咸丰不惜与洋人决一死战；为防长江通商、内地游历，咸丰宁愿全免关税而交换之，但

100万平方公里的国土，却可以轻为一掷，甚至奕山已订城下之盟。堂堂天朝的君臣尚不知松花江与乌苏里方位何处，离兴安岭距离之远近。这样昏聩的君臣，在资本主义列强的面前，怎么能不一败涂地？

咸丰的天真幻想，很快被无情的事实击得粉碎。贪婪狡诈的俄国非但没有劝说英法两国放弃清政府万不能允的条款，反而张开血盆大口，又朝着乌苏里江以东的中国领土呼啸而来。

中俄《瑷珲条约》签字后不久，咸丰八年五月，因侵华有功而被俄皇封为伯爵的穆拉维约夫便带兵非法闯入乌苏里江东岸，建房垦地，安设炮台。接着，又乘船闯入我国内河松花江，一直溯水侵入到三姓地方。清朝地方官员要求侵略者从松花江退出去。嚣张的穆拉维约夫竟怒目拍案，“除非枪炮相见，否则休想叫俄国人后退”。《瑷珲条约》中规定的乌苏里江以东由两国“共管”，实际上不过是沙俄进一步强占这一大片中国领土的托词。为把乌苏里地区占为己有，咸丰九年，沙皇亚历山大二世又故伎重演，一面派人到北京与清政府谈判，一面派兵实际占领乌苏里江右岸，把这一地区清朝有限的驻防军赶走。到咸丰十年春季，中国东北、东部沿海往南直到朝鲜地方，实际已在俄国的陆军、海军手中。

待咸丰八年十二月，颟顸的咸丰帝才确知绥芬至三姓交界宽平千余里，乌苏里河自北而南相距1400余里，不仅据兴安岭甚远，与俄国毫无接壤之处，而且近接三姓、宁古塔等处，实已深入内地，方知前订条约的危害。即严责奕山，上年将黑龙江左岸空旷地方允许该国居住，已属办理太易，复轻许赴绥芬、乌苏里会堪地界，致俄人借词狡赖，侵我蔓珠、貂鼠地方，若不严行拒绝，吉林一带地方又为该国占据，无厌之求，尚复何所底止！

气恼之余，咸丰先后命理藩院与军机处以该衙门名义多次正告俄国，除黑龙江左岸空旷之地通融许给俄人居住外，乌苏里、绥芬河等处均系中国地方，不容俄人肆意侵占。接着，以办理疆界不善为由将奕山革职，着副都统吉拉明阿即革任，派员拿赴乌苏里地方枷号示众，以示惩儆。同时，命吉林副都统特普钦与俄人言明，乌苏里等处并不与俄国毗连，应将《瑷珲条约》中有关“同管”之语更正，不但图勒密、三姓等陆路不得任意侵占，即绥芬河、乌苏里河路亦断不容该国人船游驶。

大错已铸，欲虎口夺食，又谈何容易！

咸丰九年六月，英法联军在大沽惨败之后，咸丰命户部尚书管理理藩院事务肃顺、刑部尚书瑞常与新任驻华公使伊格那提耶夫定期相见。肃顺秉承咸丰旨意，首次会晤便严正地通知俄使，“皇帝听到有新的俄国代表前来感到很奇怪，《天津条约》业已批准，《瑷珲条约》皇帝并没有钦准，所以无效”。并认为俄国的问题已经解决，没有必要再进行谈判，下了“逐客令”。伊格那提耶夫恼羞成怒，威胁中国代表说：“中国和俄国交界长达七千俄里，俄国比任何一个别的海军强国，都可以随时随地给中国以更有力的痛击。”会谈不欢而散。

其后的会谈，双方更发生激烈的争执。俄国公使拿着《瑷珲条约》的文本，逼迫肃顺等人接受“以乌苏里江为两国交界”的侵略要求。肃顺将未经批准的《瑷珲条约》文本掷于桌上，宣称这是一纸空文，毫无意义。伊格那提耶夫大吵大闹地退出会场，要求中国皇帝另派知礼的全权大臣。

肃顺是咸丰皇帝的代言人。此时咸丰已决心将被迫签订的《天津条约》作为罢论，那由地方官员擅自签署的《瑷珲条约》，他又怎能低头认可呢？同年八月九日，军机处秉承咸丰的旨意照复俄国公使，驳斥他的无理要求。照会指出：户部尚书肃顺等既与俄使办理事件，断无不诚心相待之理。中俄和约既换，其余并无可再议。至乌苏里河、绥芬河等处，并无与贵国毗连之地，亦绝不能借与贵国居住。

咸三在谈判桌上暂时挫败了俄国的侵略野心，但伊格那提耶夫并不善罢甘休，他在等待着新的时机。

这个时机最终在英法联军侵占北京的一刻出现了，可耻的俄国侵略者终于如愿以偿。

第五章　回天无力

一　伤心国事，何以解忧

英法联军的刺刀把咸丰一步步逼向回天无力的苦难深渊时，以太平天国为主的反清烈火却越烧越旺。

咸丰七年春，驰骋于江淮之间、大河上下的捻军接受太平天国的封号，配合太平天国进攻豫东、苏北，兵力达10万以上，沉重地打击了清朝的封建统治。

以陈开为首的广西天地会斗争如火如荼，他们在桂平建立大成国，咸丰七年连克柳州、南宁、梧州，接着进逼省城桂林；另一支以朱洪英等人为首的广西天地会，则号称“升平天国”，活跃于湘、桂、黔三省边区。

咸丰七年以后，贵州白莲教起义的各支队伍增至数十万人。以张秀眉为首的贵州苗民起义几乎席卷了贵州全省；杜文秀领导的滇西回民起义军，以大理为中心，攻城夺地，建立政权；云南彝族的起义军，在李文学的统率下顽强地坚持反清斗争。其余山东、黑龙江、内蒙古、陕西、甘肃、新疆、四川等地也都燃起了武装抗清的燎原烈火。这些大大小小的反清斗争此伏彼起，与太平天国的革命大潮激荡回应，沉重地打击了封建王朝的统治，使其顾此失彼。

咸丰八年春季，大江南北的农民起义又掀高潮。

太平天国翼王石达开统兵十几万进军闽浙，连克浦成、江山、常山、开化，围攻衢州，江南震动。两江总督何桂清上奏乞援，分兵江南大营。

忠王李秀成为解除天京的困围，调度各路援军连破安徽昭关、和州、全椒、滁州、来安，钦差大臣德兴阿飞檄告急。

捻军首领沃王张乐行集兵八万，连陷安徽怀远、凤阳、临淮，军锋直指畿辅，安徽巡抚福济等人纷纷求救。

他们的主子咸丰皇帝，在这南北交攻、内外相逼之中，除了执笔哀叹“敬祈天祐，尽人事以待转圜”外，已经一筹莫展。

然而，人事已尽，苍天不佑。

在上海的税则会议上，咸丰幻想用关税全免来挽回“公使驻京”等项条款的一劳永逸之计，终归破产；在广东，咸丰企图利用民团收复省城的尝试，亦屡遭失败。狡诈的俄人，却强执中俄《瑷珲条约》和中俄《天津条约》，肆无忌惮地闯入松花江和乌苏里江内河，强占大片中国国土……

与此同时，咸丰八年八月，太平天国前军主将陈玉成、后军主将李秀成大败钦差大臣德兴阿，夺回浦口，再破江北大营。接着，李秀成攻占江北重镇扬州；陈玉成进克江苏六合，击毙候补道温绍原，解除了天京北面的威胁。十月，陈玉成、李秀成部又大败湘军于安徽三河，消灭湘军精锐6000多人，击毙浙江布政使李续宾和曾国藩的弟弟曾国华等文武官员400余人。江北大营的溃败，不仅使清廷经营5年之久、用以扼制太平军北上的劲旅伤亡过半，从此一蹶不振，而且使清王朝镇压太平天国的战略格局发生重大变化。同时，太平军的三河大捷，又使湘军元气大伤，所谓“敢战之才，明达足智之士，亦凋丧殆尽”。咸丰闻讯，面如死灰。他感到脚下的大地在旋转，感到自己极力支撑的“天”真是要摇摇欲坠了。他不禁多次征询身边的谋士，翰林院编修郭嵩焘说：

> 汝看天下大局，尚有转机否？
>
> 天下大局，宜如何办理？

在西方资本主义大潮的冲击之下，这既是日薄西山的封建王朝的本能呼唤，也是中国封建帝王无法统治下去的痛苦哀鸣。

面对这数千年中国历史上从未遇过的内忧外患，身微言轻的翰林院编修自然不会道出令咸丰满意的回答。

天下不靖，海氛迭来，吏治颓坏，兵饷两亏，这一连串痛苦的问题如同一座座大山，重重地压在年轻的皇帝心头。

“宣室无人侍前席，郊坛有恨哭遗黎。”中祀祭天前夕，咸丰郊宿斋宫。月色无光，风声凄苦，满怀愁绪的咸丰帝望着摇曳的烛光，久久不能入睡。他想到即位十载，无一日安宁，前朝老臣能垂询可用者，如林则徐、杜受田等人相继故去；能驱遣效力者，文臣如叶名琛、陆建瀛，武将如祥厚、向荣等人亦纷纷败亡；军机宰辅，自奕䜣退出、文庆病故后，首辅彭蕴章才具平庸，毫无建树，外间戏以“彭葫芦”之称；其他衮衮诸公亦均明哲保身，但求无过，稍有事故，尽如盲痴。甚至如大学士柏葰京察一级，考绩优叙之人也视国法为儿戏。上行下效，其余无耻之辈又不知凡几，以致国事日亟，不堪回首……

环视天下，辅国贤良，英才何在？想到此，咸丰不禁伏案大哭。痛哭之后，面对内外危局，咸丰又强打精神，一面手书再谕都察院堂官等爱惜人才，杜绝营求奔竞之风，为国家收得人之效；一面再调兵遣将，调整布局，命钦差大臣和春节制江北军务，将大江南北联为一体。

咸丰十年初，和春统帅江南大营攻陷九洑洲，添筑堡垒，增掘长壕，加紧围困天京。咸丰接报，得知金陵合围，清军直抵南京城下，以为胜利在握，南京指日可下。正在他南望盼捷之际，太平天国干王洪仁玕和忠王李秀成等人，部署了“围魏救赵”以破天京之围的方案。同年二月，李秀成率领精锐，昼夜急驰，直逼杭州城下。江南大营兵勇七八万人，月支饷银50万两，皆取于苏浙诸郡，故咸丰闻讯，急命和春兼办浙江军务，分兵驰救。李秀成见清军中计，立即回师西走，与英王陈玉成、侍王李侍贤、辅王杨辅清、定南主将黄文金、右军主将刘官芳、前军主将吴如孝、靖东主将刘玱琳、平西主将吴定彩等集中优势，十道并举，分进合击，猛扑江南大营。结果，咸丰倚为江南柱石的和春兵败自杀，帮办江南军务提督张国樑落水而死，江苏巡抚徐有壬绝望自尽，两江总督何桂清逃往上海。太平军以疾风扫落叶之势，在不到50天的时间里，连克苏南各镇，并分别以苏州和杭州为首建立起苏福省和浙江省，成为保卫天京的东南屏障和物资供应地。

面对这倒海翻江的反清浪潮，曾国藩惊恐地奏报：苏、浙两省膏腴之地，尽为“贼”有，“窟穴”已成，根底已固。两地糜烂不堪，无可筹划。咸丰闻讯，知江南大势已去，忧思愤恨之中，口吐鲜血，昏倒在地。

江南大营的崩溃，对咸丰来说，无疑是近年来一连串挫折中最重的一击。江南、江北两大营垒，是他苦心经营8年之久的战略长堤，借以围困太平天国，扼其北上，阻其旁溢。咸丰长期的想法是攘外必先安内，只有平息内乱，才能集中力量对付洋人。如今两大营相继溃败，数万大军一败涂地，江南局势已无法挽回。更让他担心的是，麇集东南沿海的洋人会乘虚而入，与太平天国联合起来，那国事更不堪闻问。

伤心国事，何以解忧？年轻的皇帝终于忍受不了这如山的重负，他想逃避这无情的现实，寻找一块清静的地方，在文酒中求得一点心灵的慰藉。

说到咸丰帝因内忧外患而变得消极颓废、沉湎酒色一节，史家多有讥讽，称其为好色之徒。清朝野史中载：

> 咸丰因东南太平军起，心中忧焦，颇怀信陵君醇酒美人意，常居园内，命宫监四出觅汉女，充下陈。圆明园总管文丰迎逢主意，派人购得民女四人，皆绝艳，或云取自妓家。咸丰特设四院以处之。亭馆崇宏，隔垣相望，复道属焉，即世所传杏花春、武林春、牡丹春、海棠春是也。杏花春尤妖冶，系广陵方氏女，幼曾鬻于娼家，文丰心腹物色得之，以两千金脱其籍。时海棠春亦新自金阊来，咸丰益乐甚，为诗以赏文丰之能，赐赉重叠。未几，又献牡丹春。女亦苏人，善媚工歌舞。懿妃那拉氏颇嫉妒，另遣心腹人赴粤江选花，得珠儿之丽者，以间牡丹之宠，即武陵春是也。四春争妍斗媚，由文丰进者实居其三。故文宗朝文丰宠贵，比于内务。

《十叶野闻》一书中，则把武陵春名作“陀罗春”，系北京某洗衣女，为咸丰所亲见而用重金买入宫内。

《清吏演义》中更渲染成供值圆明园的汉女多达数十人，分居亭馆，个个是婀娜多姿、修短适中。得了这许多美人，咸丰每日在园中游赏，香国蜂王，任情姿采，今夕是这个当御，明夕是那个侍寝。内中最受宠的计有 4 人，咸丰特赐芳名，叫作“牡丹春”“杏花春”“武林春”“海棠春”。

考证史实，以上圆明园四春之说，实采自时人王闿运《圆明园词》，其中咏道：

四时景物爱郊居，玄冬入内望春初。
袅袅四春随凤辇，沉沉五夜递铜鱼。

王闿运自注其词曰：“咸丰九年后，上既厌倦庸臣，罕所晋接，退朝之后，始寄情于诗酒，时召妃御，日夜行游也。宫中例无汉女，纯皇时常采进。依买婢妾之例，文宗时有四人承宠者，分居牡丹春、海棠春、武陵春、杏花春亭馆，内府号曰‘四春’。”

这说的是咸丰九年以后的事。从官方记载的《清文宗实录》和咸丰所写的不多的诗文中看，咸丰以宫中行止有节，喜欢园居确是事实。尤其是咸丰八年以后，除去冬寒不得不搬入宫中外，春、夏、秋三季基本上是在园中度过的。所以，八年四月，江南道御史孟传金进谏皇帝，望他“悯时事之艰难，勿以故事而不为变通”，但咸丰反驳说：“在宫在园，原无二致，若心耽逸乐，何地不可？京师人心每易浮动，稍有改常必流言四起，其余识见拘执之处，亦不足与辩。”拒绝接受。

年轻的皇帝亦有他的苦衷。

即位近十年来，内外交逼，日甚一日。一波未平，一波又起。中原与边疆，甚至辇毂之下，无一日安宁，咸丰精神压力极大。然而，他既不能像他的列祖列宗们那样舟车南巡、行游天下，也没有秋狝木兰、赏赐四方的闲情逸致。为排解忧思，在园多住几日，怎么会招来这么多的非议呢？

其实，咸丰皇帝并不像许多野吏小说中所描绘的那样，一生荒淫无度，尤眷汉女。

他继位之初，确有一番振兴皇朝的抱负。所以“寡欲坚初志，存诚想旧风”“偶凭高楼兴索然，任他景物入韶年”等寄托心声的诗句，屡屡出现在他即位前期的作品中。但作为一位风华正茂的万乘之尊，要他远离女色、在风景如画的御园中闭门索居，也是不可能的。咸丰中叶以后，年轻皇帝寄情山水的生活显然丰富了许多，但还不至于到贪恋女色、不理朝政的地步。因为咸丰深知，他是“天下尤劳第一人”，所以尽管在娱乐之中，理智的咸丰皇帝还是有所克制的。试选咸丰七年和八年他所做的《昆明晓泛》与《狮子林》：

即景招吟来右苑，凌晨荡桨畅中泠。

宣官问政时虞怠，玩物吾惟古训聆。

每因几暇来游豫，争奈年华烂漫何。

池馆憩留慰岑寂，只余勤政志无磨。

诗以言志，这两首小诗活脱脱地反映出二十七八岁的咸丰皇帝爱玩之心不减、勤政戒奢尤重的复杂矛盾心情。为挽救大清王朝的社稷江山，勤政爱民、戒奢节俭的祖制，他还没有完全忘记。

咸丰十年，江南大营第二次溃败、英法联军第三次带兵北来时，他力图回天的愿望彻底破灭了。面对着土崩瓦解的半壁江山，他的意志和他的健康状况一样急转直下，迅速崩溃。在疾病和愁苦中，咸丰迎来了他的三旬万寿。廷臣知皇上喜爱京剧，纷纷以声伎进奉，以冀宽慰其怀。一时，民间乐部如四喜、三庆、双奎、春台诸班相继进宫，由近臣司其进出，安排曲目。咸丰命仿效坊间爨演法，纤丑必备，他亲执曲本，指顾其误，并率后妃们设宴欣赏。其中吴中杂剧名“湖船”者，咸丰最喜欢，每天上演一遍。有个名叫夏云林的雏伶不仅唱得好，而且善画兰花，咸丰听说后非常高兴，当场便拿出所执的素纨扇，命画来钦览。

咸丰本是个才子，在清代帝王中不仅以文章见长，而且书画亦好。据说他尤擅画马，观者称誉：“神采飞舞，雄骏中含有肃穆之气，非唐宋专家所能比拟。”所以，等小云林的素扇兰花奉上后，咸丰一见果然名不虚传，大加赞赏，并传视后妃，赏赉甚厚。其他老伶如程于庚，旦角喜禄、兰香等人也皆赏金赐银。至于唱得不好的，则予以杖罚。

“商女不知亡国恨，隔江犹唱后庭花。”就在咸丰赐宴群臣、歌舞庆寿之际，英法联军两万余人开始在北塘登陆，进攻大沽炮台。各地羽书告急，奏章如同雪片般飞往宫禁，但咸丰仍阅伎不止，朝廷内外无一敢言者。时户科给事中陆秉枢直言上奏，谏演内戏有五不可之说，尖锐指出：方今江南军士暴烈，日日苦战，而深宫唯耽乐之纵，四方闻之，其谁不解体！希望皇上以“放郑声、远佞人”为戒。但咸丰拒不纳谏，朱批斥其不论事之重轻，动辄要誉，且旁及军务、夷务，以为耸人听闻，居心殊不可问。其人亦与优伶一样，譬如犬之争骨群吠云。

在内忧外患日益严重、国事不堪回首中，咸丰的斗志终于崩溃了。他自知回天无力，早年英姿勃发、扭转乾坤的锐气已无影无踪。他开始纵情声色，麻醉自己，以求在酒色中寻得一点慰藉和解脱。

山明水秀的圆明园如同威严的紫禁城一样，几百年来一直被数不清的传闻逸事包围着、笼罩着。似乎其中有说不完的美女、佳肴、权力和珍宝；仿佛在这里，至高无上的皇帝可以为所欲为，所有的愿望都可以实现。

其实，这只是人们天真的想象。

皇帝不过是统治阶级利益的最高代表，他要巩固王朝、维护整个阶级的利益，必然要不断完善一部有形无形的法典，以统驭这个国家和人民。其法典中也必然要有一部分属于控制皇权的内容，否则，这个王朝的末日也就不远了。

有清一代，是一个极重祖制、家法森严的王朝。虽说咸丰喜爱园居，因它不比宫内行止有节，但毕竟家法尚在，制度依然。所以咸丰晚年娱情偷惰，虽毋庸讳言，但传说中的四春之宠似也不可深信。

按照清制，后宫的等级和待遇是非常严格的。位居后宫主位第六等的“贵人”，就例有 4 名宫女、一群太监服侍。如果真有所谓四春之宠，金屋藏娇，其由谁来服侍，又怎能瞒天过海？

咸丰十年七月，咸丰帝由圆明园仓皇出逃时，其所随侍的妃嫔历历在目，皆有案可查。咸丰行抵热河后，不仅对御园被毁一事义愤填膺，而且对在场人员的伤亡和园内损失亦十分关注，并朱笔命管园大臣将园中他所心爱的虎神枪、威艺花枪等交御枪处送抵热河。有关大臣在向咸丰奏报圆明园被毁经过和损失情况时，还特意将咸丰逃走时因惊吓而亡的道光帝常嫔的后事问题进行了详细的奏报。如果圆明园内真有皇帝所宠爱的四春佳丽，咸丰又怎能轻易舍弃而不闻不问呢？

所以，对咸丰心怀不满的湘绅王闿运（曾国藩集团的重要谋士，曾劝说曾取天下而代之，并在很多诗词中对咸丰颇有微词），在其《圆明园词序》中也只是记载“时园中传有四春之宠，皆汉女，分居亭馆”。既然是传说，就不一定是事实，只好“传闻有因，实无根据”了。

笔者虽不想把咸丰论定为“荒淫无度”的君主，但也无心掩饰其晚年的颓废生活。事实上，历史的发展，正是在咸丰娱情偷情、日渐放纵的同时，英法侵略者挑起了第三次大沽口战役。

二　咽不下去的耻辱

正当太平军攻克苏常、席卷吴中之际，咸丰十年五月初八，英法对华宣战，2万余人、200余艘舰船，杀气腾腾地逼进大沽海口。

大兵压境，清廷无力应付中外南北多方面的对手，原来咸丰欲罢《天津条约》时的强硬态度明显转变，急谕直隶总督恒福，速行照会英法使臣，务须心平气和，以礼相接，如另有条款，不必驳诘，允其进京商议。同时，多次寄谕前敌总指挥僧格林沁，不得先启衅端，须相机妥办，仍以和议为主。

但僧格林沁执意主战，而十倍于上年的英法联军又意在报复，用武力逼迫清政府彻底屈服，所以咸丰想逃避这场战争也是不可能的。

六月二十六日，联军1万余人由北塘登陆，进攻新河镇和军粮城。清军马队3000余人分两路迎战，前赴后继，英勇冲杀，在联军排枪射击下，几乎全军覆没，只有7人生还。接着，联军以炮车200辆，向塘沽发动进攻，僧格林沁退守大沽北岸炮台。塘沽失守后，心惊胆战的咸丰皇帝首先想到的是京师危机，因此恳谕僧格林沁：

> 惟天下根本，不在海口，实在京师。若稍有挫失，总须带兵退守津郡，设法迎头向北而南截剿，万不可寄身命于炮台，切要！切要！以国家倚赖之身，与丑类拼命，太不值矣。若执意不念天下大局，只了一身之计，殊属有负朕心。握管不胜凄

怆，淳淳特谕，汝其懔遵。

僧格林沁是咸丰的爱将，他于咸丰五年带兵剿杀北伐的太平军后，被封为博多勒噶台亲王，出入宫禁，最受恩宠。他所率领的蒙占马队是清廷的王牌劲旅。咸丰深恐僧格林沁一失，大局立溃，因此反复降旨，命其以京师为重，断不可固执已见。同时，怡亲王载垣等人也两次寄书，劝僧王恪遵朱谕，顾全大局。但僧格林沁相信自己的力量，他想在大沽炮台第二次教训洋人，以表达对清廷的赤胆忠心。所以，接旨后秘不示人，依然督军鏖战。七月初五，联军1万余人猛攻大沽北岸炮台，清军提督乐善阵亡，全营覆没。僧格林沁见北炮台失守，知南岸万难抵御，于是带兵一退至通州以南的张家湾，连天津也不守了。溃退之中，这个被誉为天下无敌的蒙古亲王已预感到胜利无望。七月初十，他率同蒙古六盟王公密奏咸丰，援照秋狝之例，避难承德。

大沽一失，白河门户洞开，天津不守，京师无险可防。咸丰闻报，立时凉了半截。惶恐焦虑之中，他一面急召僧格林沁回京面授防于事宜；一面命大学士桂良驰赴天津议和。但贪得无厌的侵略者又于《天津条约》之外，增加天津开埠通商和增加赔款数目至800万两等新的条款。不管桂良等人如何恳求，唇焦舌敝，英国公使额尔金坚不允从。并扬言，如不立付现银，则占据天津，官项私藏均归已有；如不准天津通商，则强立码头，自行贸易；进京换约，武装弁兵绝不少于1000人。

英法拥兵换约，勒索新款的蛮横态度，引起清廷上下的一片恐慌。王公大吏纷纷指陈利害，抗章言战。

周祖培奏称："夷人猖獗有年，神人共愤。今如盘踞京师，逼兵宫禁，民间一与为仇，必在京师报复。粤东囚虏重臣，是其前鉴。肘腋之变，可为寒心。"

陈浚奏称：古人云，卧榻之侧，不容他人鼾睡。况辇毂之下，岂可容豺狼群聚，能保其无意外之变乎？

这些章奏，深深地刺痛了年轻的咸丰皇帝。尤其是他的爱卿叶名琛失城辱国、客死他乡的悲剧，更使他深受刺激。望着案头一日数封的加急奏报，他好像预感到广州之变的灾难很快就会重演，大清王朝的命运就要断送在他的手里了。

想到这里，虚弱的咸丰皇帝不禁浑身一颤，一股热血立时涌上他的心头。他提笔朱谕，先痛斥桂良等人畏葸迁就，丧心病狂，不但违旨畏夷，简直就是出卖大清王朝。且不说几百万两白银无法立时备齐，即使现有此款，亦断无此理。城下之盟，古之所耻，如在靦颜奉币，则中国还有人吗？夷人既来换约，何必拥兵？既拥兵而来，必心藏叵测，别有要挟。何况续来之夷军，虽有兵而不能阻；其煽惑京畿之匪类，虽严示而不能禁。大患切肤，一决即内溃于心。京师之地，尚可问乎？

最后，咸丰写道："决战宜早不宜迟。趁秋冬之令，用我所长，制彼所短。若迟至明岁春夏之交，则该夷又必广募黑夷，举四国之力与我争衡。再勾通发逆，远近交攻，支持更觉费手。"一气之下，咸丰提出了与英法决战的原则方案，发交王大臣等研究讨论。同时，寄谕僧格林沁等，严兵以待。如果英法使臣胆敢逞其凶横，即督军迎头拦剿。

此时，年轻的皇帝并不是对战守已有把握，而是侵略者的步步相逼，欺人太甚，苛刻的条件使他无法接受。所以他作了战、和两方面的心理准备：他一面派怡亲王载垣、兵部尚书穆荫为钦差大臣取代桂良等人，作议和的最后努力；一面再手书朱谕王大臣等人，欲要亲统六师，直抵通州，以伸天讨，和洋人决一死战。

其实，色厉内荏的咸丰皇帝并没有这个胆量。他不过是想借此激励士气、以壮军威罢了。所以在慷慨激昂、以伸天讨的同时，七月二十四日，他又发下了14天前僧格林沁奏请巡幸木兰的密折，而极力主张他北遁承德的肃顺等人已开始传谕顺天府预备车辆。

皇帝欲图北狩的消息，如同晴天霹雳，立时九城浮动，人心思逃，官绅眷属纷纷出城远避。六部、九卿、都察院等均纷纷联名上奏，力阻圣驾北巡。

当天，大学士贾桢、周祖培、穆荫、匡源、杜翰、文祥等朝廷重臣联名劝阻，言辞恳切：

> 京师楼橹森严，拱卫周密，若以为不足守，岂木兰平川大野，毫无屏蔽，而反觉可恃？况一经迁徙，人心涣散，蜀道之行未达，土木之变堪虞。夷人既能至津，亦何难至滦耶？种种情形，不堪设想。

其余大臣亦直指咸丰："国君死社稷，上欲何往？"责备其不顾国家安危，有负祖宗重托，沥血直陈，叩马厉谏。军机大臣文祥于召见时跪地力争，痛哭流涕，以致碰头血出。咸丰的3个弟弟，恭王奕䜣、醇王奕譞、惇王奕誴亦环抱上足哭留。一时，大殿之上乱作一团。

面对众口一词的廷臣，咸丰无可奈何，只得矢口否认曾有北狩木兰之念。明谕：所有军营备用车马，即行分别发还，毋得尽行扣留守候，以息浮议，而定人心。同时，继续做决战的准备，檄调直、鲁、晋、陕各省援兵星夜赴京，严命僧格林沁扣留英法谈判代表巴夏礼和威妥玛，拦击英军不许北进。并分赏内外防堵官兵银20万两，以示激励。都城人心稍稍安定。

八月初一，英法联军逼抵通州南20里之张家湾。咸丰仍准备妥协议和，他授载垣、穆荫为钦差大臣，有便宜行事之权，并答应英使所提的一切条件，入京换约，但所带兵数每国不超过400人。

但狡诈的英使额尔金还不肯就此罢休，恢复和平。他一面派兵将天津知府石赞清劫为人质；一面指示巴夏礼再提出两个清廷绝不会答应的要求：一是到京后要面见大皇帝，亲递国书，立而不跪，二是要清政府撤退保卫京城的僧格林沁部队。

咸丰闻讯，愤怒异常，他最后的一线议和希望又破灭了。要亲递国书，必须按照中国的礼节，跪拜如仪。否则，国体所存，万难允准。这是咸丰皇帝维持其统治权威的最后一道防线，所以无论如何是不能迁就的；而要撤退张家湾的守军，不等于开门揖盗、束手就擒吗？

于是，厚集兵力、与夷人决一雌雄的信念又一次在年轻皇帝的心头燃起。八月初四，咸丰再次手书朱谕，颁示天下：

观严饬统兵大臣，带领各路马步诸军与之决战。近畿各州县地方士民，或率领乡兵，齐心助战；或整饬团练，阻截路途。无论员弁兵民人等，如能斩黑夷首一级者，赏银五十两；有能斩白夷首一级者，赏银一百两；有能擒斩著名夷酋一人者，赏银五百两；有能焚夺夷船一只者，赏银五千两。所得资财，全行充赏。天津百姓，素称义勇，务各敌忾同仇，明攻暗袭，以靖逆氛。朕非好武穷兵之主，凡此大不得已之苦衷，当为天下臣民所共谅！

至该夷去国万里，原为流通货物而来，当谕令各海口一律闭关，绝其贸易。其余恭顺各国，令其各安生理。倘该夷能悔罪输诚，所有从前通商各口，朕仍准其照常交易，以示宽大之仁；如尚执迷不悟，灭理横行，我将士民团等惟有尽力歼除，誓必全殄丑类，其勿后悔！

这无疑是一道堂皇的宣战书。然而，这道上谕还没有到达前线，张家湾之战便爆发了。原来，八月初四日早晨，巴夏礼最后一次会见钦差大臣载垣，狂妄要求僧格林沁撤兵，态度极为蛮横。载垣知和局断无可议，当即知照僧格林沁截拿，捕获巴夏礼、洛奇等英法侵略者 39 人。接着，英军攻占张家湾和通州，僧格林沁马队溃败回奔，退守八里桥。

只在御园编造过刀术枪法的咸丰皇帝并不是一个军事家，自道光年间形成的夷人所恃全在船坚炮利、野战是其所短的思想，顽固地留在他的脑中。而且，他一直幻想，以马队为核心的满蒙八旗是一定能在陆地上打败夷人的。所以第三次大沽之战爆发后，咸丰反复朱谕，要战胜夷人只能多集兵力，与之野搏，断不能用肉身与船炮争锋。

英法联军逼近天津后，咸丰之所以敢于提出誓与洋人决一死战，除了列强欺人太甚之外，一个重要的原因就是咸丰总认为，夷人远离海岸，孤军深入，无法携载大炮，只要他多调吉林、黑龙江及蒙古马队，数万兵马，连同民团，以十击一，合力兜剿，丑夷不难一鼓荡干。所以大战在即，咸丰再次急调西安、太原、绥远、归化、察哈尔、热河等地的马队和山东、河南的驻防旗兵，甚至命额兵将尽的吉林、黑龙江马队余丁全数南调，并关内外猎户 4000 人驰赴通州。到咸丰北遁热河，他几乎抽调了直、鲁、晋、陕、豫五省及黑龙江、吉林、盛京和蒙古诸部所能抽调的所有武装力量，尤其是调动了包括圆明园八旗、步军统领、八旗两翼、护军营、健锐营、巡捕营、内外火器营等大批禁旅八旗，连同咸丰八年以来为抵抗列强、保卫京畿续添续调的各路兵马，总数将近 20 万。

为此，咸丰仍嫌不足。第三次大沽之战失败后，他再次拾起“辑民攘夷”的故技，命光禄寺少卿焦佑瀛等人驰回天津原籍，激励民团，招集义勇，配合防兵，前堵后截，幻想此时的民团乡勇再为朝廷创造一个阻夷入城的奇迹。

可以说，咸丰皇帝已把北中国所有的赌注全部押在了保卫皇城的最后一战上。

忠于皇帝的八旗将士们，虽然很多是长途跋涉，远道驰援，缺粮断饷，艰苦异常，使用着那个时代最简陋的武器，但他们保卫皇朝的勇敢精神却丝毫没有泯灭，甚至到了愚忠、愚勇的境界。

咸丰十年八月初七，震惊中外的八里桥大战爆发了。这是两个时代、两大阵营的历史大决战：一方是具有数千年传统的骑兵，使用以刀矛弓箭为主的冷兵器；一方是经过拿破仑战争和工业革命后，以炮兵为核心的近代化军队。两方主力列阵相对，形成历史上中外第一次正面的冲突战。

这一天的八里桥，黄尘蔽天，战马嘶鸣。清军以骑兵实行全线集团冲击，将士们冒着敌人密集的炮火，奋不顾身，视死如归。他们一齐大呼杀贼，进如山倒，直冲到敌阵前 50 米处，以弓箭杀伤敌人。英法联军用当时最先进的阿姆斯特朗炮、拿破仑炮与步枪组成交叉火力猛烈射击，终于阻挡住清军骑兵的冲击。副都统胜保左颊、右胫中弹，受伤落马。伤亡惨重的清军最后全线溃败，联军直逼北京城下。

人们往往责备第二次鸦片战争时期清军的腐败和无能，甚至断言此时的清军已毫无斗志，其实这种责备是不公正的。在新河之战，敌人强调“中国人确已显示了他们的无可辩驳的勇气”；在第三次大沽之战，敌人惊叹清军“以难以描述的勇猛精神，寸土必争地进行防御”；在八里桥大战后，敌人不得不最后承认，“欧洲认为中国军队缺乏勇气，此乃是一大谬误。在密集的炮火面前，他们宁愿一步不退，勇敢坚持，直到最后全体阵亡”。

严酷的历史告诉我们：在武器装备和训练指挥等各个方面，清军与列强的军队素质，相差了整整一个时代。在这种敌强我弱的形势下，光凭忠诚和勇敢，幻想密集兵力、以骑兵决战、用白刃肉搏来夺取胜利，在根本上是不可能的。

纵观近代中国对外战争史，有一条悲壮、屈辱的主线，即“抵抗——战败——求和”。咸丰和他的父亲道光皇帝一样，在对外战争的决策中忽而主和，忽而主战，朝令夕改，使前线的将领无所适从，严重地束缚了前线将士的手脚。诚然，战和两难是当时中国国情和中外两军实力相差悬殊所决定的，我们不能以此深责指挥战争的某一个人。但从第一次鸦片战争初起的穿鼻海战，到第二次鸦片战争结束的八里桥大战，前后历经 21 年，其间有中外大小战役几十次，不谙大局的咸丰皇帝却始终没有从中悟出屡战屡败的根本原因，也没有幡然变计，抛弃旧军制、旧战法，接受师夷制夷的思想，开始中国军事近代化的进程。相反，咸丰非战即降，战和不定，战则毫无把握，和则妥协投降，使伟大的中华民族在两大世界的激烈冲突中遭受了空前巨大的灾难和损失。

八里桥大战的当天傍晚，咸丰得知了胜保兵败受伤、僧格林沁溃退八里桥、联军进逼北京城的消息，不禁大惊失色，连夜召见内廷王大臣等，定计出狩事宜。此时的咸丰已六神无主，原来厚集兵力而制敌取胜的幻想完全破灭了。为了减缓英法联军进攻的凶焰，拖延时间以待援兵，咸丰迫不得已，推出了他的最后一步棋，即命恭亲王奕䜣为钦差大臣出面照会英法两国，暂息干戈，妥协议和。

第二天（八月初八）清晨，咸丰再召见惠、恭、惇、怡、郑五王和全体军机大臣，商讨战守事宜。然后，率领皇子和诸王大臣到安佑宫叩辞列祖列宗。上午九时，六宫皇子先行，肃顺随扈。接着，咸丰在惠、怡、郑三王和军机大臣的扈从下亦出圆明园东门匆忙北狩。急迫之中，御膳及铺盖、帐篷等物均未带及。

在西方资本主义大潮的冲击下，中国古老的封建主义长堤又一次崩溃了。面对着洪水猛兽般的西方列强，也曾愤懑、也曾抗争过的咸丰皇帝终于失败了。他成为华夏五千年历史上，第一个被西方人赶出皇宫的中国帝王。

这是中国历史的悲剧。

三 聊以声色伴余生

秋老霜高狩木兰，羽林万马渡桑乾。
崇朝便献头鹅至，天子归来荐玉盘。

木兰在承德府以北400里，林木葱郁，水草茂盛，原是蒙古喀尔沁、翁牛特诸部所属。康熙中叶，蒙古王公以此奉献清帝为牧场，周1300余里。历康熙、乾隆、嘉庆各朝，这里既是清朝行围习武的地方，也是清帝笼络蒙古各旗领袖的聚会场所，借以达到“合内外之心，诚巩固之业”的政治目的。上述《狩猎木兰》一诗，正是描写了康乾盛世时期清帝北狩木兰的威武隆重场面，和蒙古王公设宴迎君以输忠诚的情景。

而咸丰的“秋狝木兰”却是被英法联军的大炮从圆明园给轰出来的，其间狼狈、惶恐之状，与列祖列宗的秋狝大典则不可同日而语。

八月初八，咸丰一行仓皇出逃后，如惊弓之鸟，昼夜兼行。因御膳及行李帐篷等俱未齐备，当天，咸丰皇帝仅吃了两个鸡蛋，第二天也仅与后妃宫眷们分食几碗小米粥。往日如花似玉的后妃宫眷们如今蒙难荒郊，一个个惶恐忧愁、容颜憔悴。咸丰看着这支逃难的队伍，回头南望京城，不禁以泪洗面，痛不欲生。他深感愧对祖宗，更不知此生此世还能否回到金碧辉煌的紫禁城……

八月十六日，咸丰终于到达热河行宫，住进了“烟波致爽”殿。避暑山庄的“烟波致爽”殿是清帝在热河时的“寝宫”，自嘉庆二十五年七月，嘉庆皇帝在这里死后，道光帝没有来过。40年来无人居住，所以杂草丛生、尘封垢积，显得十分冷落和萧条。

避暑山庄是一座规模宏大的皇家园林，风景秀丽，山水俱佳，但咸丰无心观赏。一路车马劳累，喘息未定，便接到了奕䜣和僧格林沁等人先后发来的六百里加紧奏报，得知洋人已列队朝阳门外，京城危在旦夕。而僧格林沁所带的吉林、黑龙江和蒙古马队已溃不成军；直隶、宣化、山西大同等步队已溃散十之七八；京旗各营官兵已屡战屡败，胆战心寒；瑞麟、胜保所带之兵已所剩无几。只有绵勋、伊勒东阿属下尚有1万人马，但枪箭刀矛如何能抵挡联军的炮火？总之，存营之兵均已无斗志，疲馁已极，一闻炮声，立时惊溃，战守皆不足恃。

咸丰知大势已去，他所信赖的满蒙铁骑已挽救不了大清王朝的命运。束手无策之中，咸丰唯一的希望就是寄托在恭亲王身上，希望他能够竭力图维，速成抚局，与守城王大臣等同心协力保住京师和御园。正当咸丰严命盛京将军玉明、绥远将军成凯、陕甘总督乐斌、山东巡抚文煜、河南巡抚庆廉、山西巡抚英桂等再次搜罗人马亲自统兵，驰赴热河护驾和保卫京师的时候，八月二十六日，他又接到了洋兵侵据园庭、焚毁海淀的奏报。

原来，八月二十二日英法联军逼近都城后，他们以为咸丰帝还住在圆明园，便以圆明园为进攻目标。清军此时已成惊弓之鸟，步队闻风而窜，马队望影而逃，以致侵略者如入无人之境，直抵海淀，到处烧杀抢掠。败兵纷纷退至圆明园。住在善缘庵的恭亲王等人见形势危急，想抽身逃往热河行宫，但北行之路已被联军切断，匆忙之中夺路直奔卢沟桥。当日傍晚，联军侵入圆明园疯狂抢掠，持续了十余天。园内各殿堂陈设和收藏的珍贵物品，能拿走的拿走，搬不动的则粗暴的击毁。当年身历其境的强盗们曾这样描述过这次世界上最大的抢劫案："一大群各种肤色、各种式样的人，这一大帮地球上各式人种的代表（其中有雇佣军），他们全部闹哄哄地蜂拥而上，扑向这一堆无价之宝。他们用各种语言呼喊着，争先恐后，相互扭打，跌跌撞撞，摔倒又爬起，赌咒着，辱骂着，叫喊着……" "谁也不知该拿什么东西；为了金子而把银子丢了，为了镶有珠玉的时计和宝石又把金子丢了。"许多金质的东西都被误认为黄铜而摧毁，"有些珍奇的手抄本被当做废纸，用为点燃烟斗的火具"。许多精美的艺术珍品都被联军的车轮辗碎。从圆明园到侵略者的军营，沿途到处都是被践踏的丝绸和各种古玩珍品。

强掠之后便是狂烧。九月初五，联军分马队和步旅狂奔入园，四处纵火。全园顿时烟青云黑，遮天蔽日，大火烧了三天三夜。所有宫殿庙宇、历代收藏、举国仰为庄严神圣的宝物，都被付之一炬，化为灰烬了。

联军焚掠御园的噩耗传到热河后，一种无以言状的愤懑使咸丰帝几乎站立不住。他似乎觉得自己竭力支撑的这个“天”已然塌下来了，亡国一样的奇耻大辱吞噬着他的心灵。虚弱已极的年轻皇帝经不住这突然的打击，立时口吐鲜血，旧病复发。

> 五朝神禦拱皇州，纵火连宵炀九幽。
> 法物尽随群盗去，仙山真见万灵愁。

这座营建了一个半世纪的圆明园，是世界上最大的建筑式与风景式交融的“离宫型皇家园林”，既有北国之古风、江南之秀韵，更兼具西方庭园的风采。其中，不仅有无数的殿阁楼台、桥廊水榭，而且珍藏着数不尽的孤本秘籍、名人字画、鼎彝礼器、金珠珍品、铜瓷古玩等中华至宝。她曾是历朝清帝避喧听政、颐享天年的场所，也是咸丰皇帝诞生的摇篮。还有“九州清晏”的“同道堂”，更是道光皇帝书名定位、托付社稷江山的地方。

神器所归，至高无上，所以咸丰始终把圆明园看做是与紫禁城等同的圣地。而今“鼎湖弓剑恨空还，郊垒风烟一炬间”，怎能不让人五内俱焚、痛不欲生呢？愤怒之余，咸丰帝将僧格林沁、瑞麟革去爵职。总管内务府大臣宝鋆差点丢掉脑袋，降为五品顶戴。

穷凶极恶的英法联军在焚掠圆明园的同时，又向清政府发出了最后通牒，要求立即释放巴夏礼等人，并交出一座北京城门，否则将开炮攻城。被吓破了胆的留京王大臣们立即接受了侵略者的一切条件。八月二十九日中午，英法联军从安定门进入北京城，内城居民四处奔逃。

咸丰闻讯后，尽管斥责留京王大臣开门揖盗，实属冒昧，但也无可奈何，只得连谕恭亲王迅速入城与英法两国画押换约，以求得联军早日退兵。九月十一日，英国公使额尔金乘坐八抬大轿，鼓吹前导，盛陈兵卫，耀武扬威地来到礼部大堂，迫使恭亲王奕䜣签订了丧权辱国的中英《北京条约》，并交换了中英《天津条约》。第二天，法国公使葛罗亦如法炮制。

中英《北京条约》、中法《北京条约》不仅确认了《天津条约》仍属有效，而且又增加了天津通商、割让九龙司给英国、赔还前此没收的天主教产业、“并任法国传教士在各省租买田地、建造自便”（此系法国翻译在中文约本上私添的内容）等内容，并将赔款从 200 万两增加到两国各 800 万两，立付英国抚恤金 30 万两、法国抚恤金 20 万两。

“城下之盟，春秋所耻。”这一系列苛刻的侵略条款，如同一把把利刃抵在咸丰皇帝的周身。他虽然对此恨之入骨，但又不能罢止。九月十五日，咸丰被迫批准了中英《北京条约》、中法《北京条约》。

当英法联军大肆焚掠圆明园之际，一直在幕后出谋划策、帮虎吃食的俄国公使伊格那提耶夫来到了北京。慌不择路的留守大臣们像见到了救星一样，急请俄使出面调停。狡猾的伊格那提耶夫落井下石，借机提出三项要求：一是须由恭亲王照会邀请；二是中国须将与英法交涉的内幕完全告知俄国；三是中国必须承认俄国的一切条款。九月初七，残暴的英军第二次焚毁圆明园和清漪、静明、静宜三园后，束手无策的恭亲王明知是引狼拒虎，但为了挽救危在旦夕的清王朝，还是答应了俄使的调停条件。

英法逼签《北京条约》的墨迹未干，俄使伊格那提耶夫便自称“调停有功”，迫使清政府答应俄国提出的谈判条款，否则“兵端不难屡兴”。此时，惊魂未定的咸丰帝唯恐俄国再暗中挑唆，朋比为奸，便不待侵略者明言，即令刑部尚书瑞常与之会晤，同意将绥芬、乌苏里等处仿照黑龙江北岸之例借与俄国居住。于是，沙俄趁第二次鸦片战争时期，清政府最危难的时刻，利用咸丰皇帝的胆怯和无知，不仅迫使清政府最终承认了中俄《瑷珲条约》、中俄《天津条约》，而且轻而易举地得到了中俄《北京条约》。通过这一系列不平等条约，俄国先后割占了中国黑龙江以北外兴安岭以南60余万平方公里，乌苏里江以东40余万平方公里，巴尔喀什湖以东以南44万余平方公里（根据中俄《北京条约》第二款的勘界原则，1862年8月《中俄勘分西北界约记》中，俄国强占了中国西北的这片土地），总共约150万平方公里的土地。

《北京条约》签订以后，英法侵略者并没有立即撤兵南返，而扬言要在天津过冬，并恃强要挟，对公使带兵驻京和亲递国书等事均不肯轻易放弃。咸丰和奕䜣对此十分恐惧。天津密迩京畿，清政府不得不防，但国库空虚，赔款之外，八旗月饷、援兵口粮等均无着落，万一饷竭兵变，洋人反复，大局不堪设想。在这种左右为难的情况下，恭亲王奕䜣密奏咸丰皇帝西巡陕西，迁都西安。

咸丰闻报后，深知形势险恶。联军虽已退至天津，但犬羊之性，难保不无反复；加之来年外使驻京，能否相安亦难预料，自宜选择一迁避之地，以期有备无患。但迁都一事，事关重大，京师仍为根本重地，绝不能轻议迁移，自就偏安，以招洋人耻笑。于是，咸丰一面密谕奕䜣与山西巡抚英桂等人，先事筹划，等明年春天察看洋人动静再酌量办理；一面严命奕䜣，在他回銮之前，务必将亲递国书、公使驻京及不得再有要求等事，“与之议定，以免再生枝节”。

但是奕䜣等人认为条约初定，再就上述各事提出交涉，恐怕英法两国借故纠缠，不肯撤兵，于是打算待英法联军退到天津之后派武备院卿恒祺和长芦运司崇厚到天津办理通商事宜，同时设法消弭亲递国书等事。对这样含混的奏报，咸丰大为不满，立斥奕䜣等人：二夷（英法）虽已换约，难保其明春必不反复，若不能将亲递国书一层消弭，祸将未艾。即或暂时允许，作为罢论，回銮后，复自津至京，要挟无已，朕唯尔等是问。此次夷务，步步不得手，致令夷酋面见朕弟，已属不成事体，若复任其肆行无忌，我大清尚有人耶？

在这种愤懑、疑惧当中，咸丰迟迟不做出回銮的决定。

有些史书中，往往把咸丰拒不回銮的原因怪罪于肃顺等人的阻挠，并以娱情声色来诱惑年轻的皇帝，以便其挟天子以令诸侯。

其实，问题绝不是这样简单。

自幼熟读历代典籍的咸丰并不是不知道圣驾久离京城的危险性，也不是一心贪恋山庄的风景和女色。作为一国之主，他何尝不想及早回銮，以定人心。咸丰对洋人的猜忌实在是太深了，尤其是对英法侵略者，更有着不共戴天的仇恨。尽管在战场上他失败了，被迫接受城下之盟，但他始终不愿意放下万乘之尊的架子与外使同居一城，更无法接受一个远方蛮夷的所谓“国书”。在这种心理障碍之下，当奕䜣会同留京王大臣等合词恳请他早日还宫以定人心时，咸丰直言相告：虽然英法退兵，但各国夷酋尚有驻京者。亲递国书一节，既未与该夷言明，难保不因朕回銮，再来饶舌。诸事既未妥协，假使率意回銮，夷人又来挟制，朕必将去而复返，于事体诸多不协，且恐京师人心震动，更有甚于八月初八日之举。最后咸丰决定，本年暂缓回銮，俟夷务大定，再将回銮一切事宜办理。最后又特意加一句，本年回銮之举，该王大臣等不准再行渎请，干脆把留京王大臣们的嘴给堵住了。

咸丰的决定，不仅得到行在王大臣肃顺等人的积极支持，也为他们左右皇帝、排除异己创造了条件。热河避暑山庄原有离宫 200 余所，完好无损者尚有 70 余所，又多藏睿皇服玩及梨园行头，其精致华美甚至胜于京师南府。和约签订以后，肃顺等人为宽慰病弱烦闷的咸丰皇帝，知他酷爱京剧，便驿召升平署（宫廷戏班）人员分批到热河承差。几乎隔两三天即演一次戏，每次戏目、角色均由朱笔决定。有时上午已花唱，仍“传旨今日晌午，还要清唱”。除观剧外，因避暑山庄距围场不远，咸丰又时常游猎打围。

然而，深秋塞外，水冷风寒，已病入膏肓的咸丰皇帝怎能与当年盘马弯弓、纵横驰骋的康熙大帝相比？所以，娱情不久，第二年初春，咸丰的病情反复。

原来，咸丰十一年正月初二，咸丰即诏定二月十三日回銮，其后又规定了启銮后详细的行程安排。这边京城留守的王公大臣们都翘首以盼，希望皇帝尽快还宫，一来人心大定，二来可以使咸丰早日摆脱肃顺等人的左右。但让他们失望的是，届时皇帝并没有动静。

二月中旬，法国公使布尔布隆和英国公使普鲁斯相继进驻北京。接着，二月二十二日传来上谕：朕躬尚未大安，诸王大臣请暂缓回銮，不得已勉从所请，俟秋间再降谕旨。

咸丰一再推迟回銮的举措，激起了留京王大臣的强烈不满。他们纷纷具折痛劾端华、肃顺等人“谓銮舆未还皆其荧惑”。肃顺等人则针锋相对，攻击留守京师的王大臣一再吁请回銮是挟制朝廷，并中伤恭亲王奕䜣借助洋人势力欲图谋反。

京师与热河，以奕䜣和肃顺为首的两派斗争愈演愈烈。

此时咸丰剧咳不止，红痰时见，他的痨病已到晚期，但英法公使驻京、亲递国书等项仍未议妥，所以咸丰执意不肯回京。这正如史学家孟森所言：咸丰以与外使同居一城为耻，他是“宁以社稷为殉，不使夷虏踪迹相浼，得正而毙，虽败犹荣”，是一个至死不渝的封建卫道士。所以，当与洋人关系日趋密切的恭亲王奕䜣欲赴行在看望他的时候，咸丰十分反感，立时提笔拒绝，连辅佐奕䜣办理洋务的文祥亦特谕不必前来。

四　无奈的选择

塞围诚灵境，山川秀气钟。潆洄开境沼，环抱矗云峰。近泛三洲爽（咸丰自注指芝英、云朵、如意三洲），高临万壑松。

心源涤尘滓，隔岭一声钟。

这《烟波致爽》是咸丰作的最后一首诗。长期的疾病折磨和与日俱增的内忧外患，使他早已厌倦了人世间的喧嚣和纷扰。他自嘲为“且乐道人”，渴望一种清心淡泊的宁静生活。

辛酉年六月初九（1861年7月16日），是咸丰皇帝的31岁生日。

回想去年今日，咸丰还在太和殿赐宴群臣，观赏歌舞。年方5岁的爱子举杯祝寿，一时堂廉交庆，稽首欢呼。转眼之间，逃难山庄，名园被毁，衰弱的病躯已一日不如一日。心情郁闷的皇帝对肃顺等人精心安排的祝寿活动毫无兴致，但为了稳定人心，咸丰还是支撑着到澹泊敬诚殿受贺，到福寿园赐宴，然后传戏湖中的如意洲。

如意洲戏台临水而建，名曰“一片云”。“月来满地水，云起一大山”，是当年乾隆皇帝钦定的三十六景之一。风和日丽之时，金莲映日，水平如镜。十里以外的磬锤峰与蓝天、白云倒映水中，微风送爽，景色宜人，但弱不禁风的咸丰帝已享受不了这样的人间仙境，戏没唱完，便撂下花团锦簇的后宫佳丽们起驾还宫了。

又是一病不起、剧咳不止，咸丰已自知离归途不远。

七月十二是皇后钮祜禄氏的千秋节。时年25岁的钮祜禄氏虽经避难风尘，却依然还是那么端庄漂亮。时咸丰病情稍有稳定，想到继位十余年来颇对不起皇后，于是不顾皇后的劝阻，决定再热闹一下，给她留一个最后的纪念。可盛典未完，咸丰的病情便急转直下。

“绛节飘摇宫国来，中元朝拜上清回。”七月十五是传统的中元节，民间百姓人家或备素食、设果品以供奉祖先，或制冥钱、做纸衣到坟前扫墓。极度虚弱的咸丰帝已无力祭祀先人，仿佛觉得自己正向黄泉路上走去，耳旁似乎听到了祖宗们的呼唤。懿贵妃把爱子载淳送到他的身边，朝夕侍侧。

望着活泼可爱的孩子，想到洋人已驻京师，沿海处处风波，半壁江山未复，内地百孔千疮……撒手西归后，这孤儿寡母该托付给谁呢？

他自然想到了奕䜣。

这个从小一起长大的兄弟，毕竟是精明干练、才气逼人。乙卯年（1855 年）因事斥革后，奕䜣并没有一蹶不振。丁巳年（1857 年）复授都统后，对外强硬，坚决主战。但庚申之役以后，其对夷人态度却判若两人。就在签字画押时，奕䜣仍坚持夷人处心贪险，恐难日久相安，积极筹划“西巡”之举，可为什么与夷人频繁接触之后却顿改前说，偏袒夷人极为驯顺，与以往历代蛮狄大不相同，并非为争城夺地而来，犹可用信义笼络？甚至把焚我御园、掠我大臣、迫我接受万难允准之条款的仇敌，视为可以遣使通好、共讨发捻的与国。

尤其使咸丰疑虑不安的是，奕䜣和他的老丈人桂良，还有文祥等人，改变祖宗章程以取悦夷人。其于京师设立总理各国通商事务衙门，并执意将“通商”二字去掉，总管军国大事，显然有另立军机、侵越皇权之意。另外，3 人对借夷师以剿平发捻一事亦颇为积极，孰不知“发逆”与夷人所习宗教相同，难保无暗中串通情弊。一旦奉命而来，久居内地，是不仅引狼入室，且是为虎添翼。今日助我克复，他日据为己有，挥之不去、攻之不能，天下尚可问乎？

而且值得警惕的是，这些重要的改变，都是3人联名封奏，廷臣多有响应。咸丰已隐隐感觉到，在恭亲王的周围，似乎形成了一股尾大不掉的势力。更可怕的是，这股势力正在逐渐与夷人接近。或许肃顺所密陈之事，如夷酋巴夏礼在开释前曾劝进奕䜣自登大位；《北京条约》画押前，夷人又居心叵测地提出让王公大臣跪迎奕䜣，“以觇人心之向背”等，都是真的。怪不得连惇亲王奕誴都说，“恭王欲反”。

想到这里，去年巡幸热河之前，百官耸人听闻的直谏又浮现在咸丰的脑海——“若使乘舆一动，则大势涣散。夷人借口安民，必至立一人以主中国，若契丹之立石敬塘，金人之立张邦昌。则二百余年祖宗经营缔造之天下，一旦拱手授之他人，先帝付托之谓何？皇上何以对列圣在天之灵乎？”

想到这里，明代“土木之变”的惨剧似乎就要重演，虚弱已极的咸丰不禁惊出了一身冷汗。奕䜣的名字，自然在临终托孤的名单中毫不犹豫地抹去了。其余天潢近派，惠亲王绵愉辈分过高，醇亲王奕譞又唯唯诺诺主不了大事。环顾左右，能够敬天法祖、保住大清江山不致落入洋人手中的，唯有咸丰最信任的股肱之臣——肃顺。

肃顺之所以受到咸丰皇帝的赏识和重用，而且历久不衰，除了“以才敏得主知”外，还有另外两个重要的原因：一是君臣二人志同道合，这不仅表现在维护封建王朝的根本目的上，还表现在治国安邦的政策和手段上；二是肃顺对清王朝和咸丰帝始终不避劳怨，忠心耿耿，在除弊起衰、以猛济宽的十余年中，为皇帝担当了不少骂名，这一点咸丰心里十分清楚。所以，在避难热河之前，咸丰已先封肃顺为内务府大臣，逃亡热河之后复授予其协办大学士。最后，在咸丰病逝的前6天，又命其为署正黄旗领侍卫内大臣，统帅侍卫亲军，偕内大臣等翊卫扈从，可谓“炙手可热势绝伦，慎莫近前丞相嗔”。

可肃顺气势凌人、刚愎自用的一面又使咸丰深感不安。他深知肃顺对载淳的生母懿贵妃并不敬重。母以子贵，大行之后，按照祖宗家法，懿贵妃被尊为太后也许不会有什么问题，但她毕竟年轻，涉世不深；皇后钮祜禄氏又心地善良，过于老实。留下这两个寡母、一个孤儿，万一肃顺等人把持朝政，不知敬重，如睿王之苛待世祖章皇帝，那不是又大权旁落了吗？

想到这里，咸丰不禁喟然长叹。

咸丰帝临死前的头脑是清醒的。他在思前想后、左右为难之中，终于想出了一个既可得赞襄政务之实、又可避免皇权下移的两全之法，这便是扩大母后的权力。虽然有悖于祖宗家法，但如果真能齐心合力收拾这一片残破的江山，大清王朝也许还有希望。

七月十六日上午，咸丰要了羊肉片白菜、烩散丹、炒豆腐、羊肉丝炒豆芽等，这是皇帝最后的晚餐。餐后，咸丰感到格外不适，他知道人生的旅途即将结束，眼前是一片漆黑。

到晚上，咸丰苏醒过来，这已是他的最后一刻了。他立刻在寝宫召见御前大臣载垣、景寿（咸丰六姐夫）、肃顺、郑亲王端华、军机大臣穆荫、匡源、杜翰、焦佑瀛，承受顾命。咸丰面谕：

> 皇长子载淳，现立为皇太子。着派载垣、端华、景寿、肃顺、穆荫、匡源、杜翰、焦佑瀛尽心辅弼，赞襄一切政务。

载垣等请皇上朱笔，以昭郑重，但此时咸丰已气息奄奄，不能执笔了，遂命廷臣写来述旨。

廷臣退后，咸丰吃力地睁开眼睛，示意皇后拿出他已准备好的两方随身印章：一方文曰“御赏”，赐给皇后；一方文曰“同道堂”，赐给载淳，由懿贵妃代为保管，作为嗣皇帝下达诏谕的符信。“御赏”章为印起，“同道堂”章为印讫。咸丰最后望了一眼可怜的儿子，以为如此这般，他可以放心地去了。

咸丰十一年七月十七日寅时，清朝第七代皇帝咸丰病逝于承德避暑山庄，时年31岁。

“闲云潭影日悠悠，物换星移几度秋。”

像大河东去的浪涛，历史的发展并不以咸丰皇帝的意志为转移。他充满信心地来到这个世界，却带着忧愁和痛苦告别了人生。只可惜，他直到黄泉，也未能认清这风云激荡、满目疮痍的世界。

历史是严酷的。曾经年轻有为的咸丰皇帝也想除弊起衰、当一位中兴之主，并为此宵衣旰食、积劳成疾，但他所处的时代，一方是四夷交侵、万方多难的世界环境，一方是腐败已极、虚弱已极的封建王朝。他所面临的对手，既不是嘉庆朝单纯的白莲教起义，也不是道光朝大不列颠一国的侵扰，而是史无前例的太平天国政权和狼狈为奸的英法俄美四国侵略者。

历史是苛刻的。在封建社会穷途末路的转折关头，历史留给咸丰的选择余地和选择时间极为有限。在东方和西方、传统和现实的冲撞中，在严重的内忧外患的压迫下，年轻的咸丰皇帝既缺乏清醒的认识，又没有正确的应变措施，对外愚昧无知、盲目强硬，对内除弊乏术、操之过急。结果，在一系列被动因变中，更加速了大清王朝的崩溃，使多灾多难的中华民族从一个深渊又坠入了另一个深渊。

历史是无情的。在无力回天之中，咸丰既低估了西方资本主义势力的影响，也低估了奕䜣和慈禧对最高权力的渴望。结果，遗诏尚在，尸骨未寒，改变中国近代历程的“辛酉政变”便发生了。咸丰钦定的赞襄政务八大臣，载垣、端华被迫自尽，肃顺被绑赴刑场斩决，景寿、穆荫、匡源、杜翰、焦佑瀛均被革职。大行皇帝的遗命被彻底否定。

咸丰死后的第二年初，清廷借师助剿的政策正式公布，中国的历史又翻开了新的一页。